“反智主义”与美国文学

张国庆　徐贞　著

“ANTI-INTELLECTUALISM” AND AMERICAN LITERATURE

WUHAN UNIVERSITY PRESS
武汉大学出版社

图书在版编目(CIP)数据

“反智主义”与美国文学/张国庆,徐贞著.—武汉:武汉大学出版社,2021.3(2022.4 重印)
ISBN 978-7-307-21886-4

Ⅰ.反…　Ⅱ.①张…　②徐…　Ⅲ.文学研究—美国　Ⅳ.I712.06

中国版本图书馆 CIP 数据核字(2020)第 214454 号

责任编辑:罗晓华　邓　喆　　责任校对:李孟潇　　版式设计:韩闻锦

出版发行:**武汉大学出版社**　(430072　武昌　珞珈山)
(电子邮箱:cbs22@ whu.edu.cn　网址:www.wdp. com.cn)
印刷:武汉邮科印务有限公司
开本:720×1000　1/16　印张:9　字数:123 千字　插页:1
版次:2021 年 3 月第 1 版　2022 年 4 月第 2 次印刷
ISBN 978-7-307-21886-4　定价:27. 00 元

“反智主义”
与
美国文学

张国庆　徐贞　著

“ANTI-INTELLECTUALISM”
AND AMERICAN LITERATURE

WUHAN UNIVERSITY PRESS
武汉大学出版社

图书在版编目(CIP)数据

“反智主义”与美国文学/张国庆,徐贞著. —武汉：武汉大学出版社,2021.3(2022.4 重印)

ISBN 978-7-307-21886-4

Ⅰ.反…　Ⅱ.①张…　②徐…　Ⅲ.文学研究—美国　Ⅳ.I712.06

中国版本图书馆 CIP 数据核字(2020)第 214454 号

责任编辑:罗晓华　邓　喆　　责任校对:李孟潇　　版式设计:韩闻锦

出版发行：**武汉大学出版社**　(430072　武昌　珞珈山)

(电子邮箱：cbs22@whu.edu.cn　网址：www.wdp.com.cn)

印刷：武汉邮科印务有限公司

开本:720×1000　1/16　印张:9　字数:123 千字　插页:1

版次:2021 年 3 月第 1 版　2022 年 4 月第 2 次印刷

ISBN 978-7-307-21886-4　定价:27.00 元

序　言

根据 Merriam-Webster 网络词典，“反智的”这个形容词最早出现在 1821 年，但词典并没有给出具体的例句和出处。Dictionary. com 网络词典则指出，“反智主义”一词出现在 1935 至 1940 年间，但也没有给出具体的例句和出处。比较具体的说法见于美国历史学家霍夫斯塔特(Richard Hofstadter)于 1962 年出版的《美国生活中的反智主义》，他在该书第一章“我们时代的反智主义”开篇就这样写道：“尽管这本书主要讨论美国较遥远过去的某些方面，但它的诞生是对 20 世纪 50 年代的政治和智识状况作出反应。在这十年期间，‘反智主义’这个以前很少听说过的词语，成为自我指责和窝里斗时使用的全民词汇中耳熟能详的一个。”①

霍夫斯塔特的《美国生活中的反智主义》于 1964 年获普利策奖。该书分六部分，共 15 章，分别从宗教、政治、文化、教育等几个方面论述美国反智主义的根源和危害。“反智主义”一词也因为这本书而广为人知，受到社会各界的关注和讨论。但是，“反智主义”一词的具体定义是模糊的，正如霍夫斯塔特所说的那样，“20 世纪 50 年代政治上的动荡和教育上的争议使‘反智的’这个词语成为美国人自我评价的一个中心修饰语；它悄无声息地溜进我们的用语中，没有多少定义，常常被

① Richard Hofstadter: *Anti-intellectualism in American Life*, Vantage Books, 1962, p. 3.

用来描述各种各样不为人待见的现象”①。霍夫斯塔特接着对“反智主义”一词定义的模糊性进行了分析，指出定义的“模糊性本身使它成为一个在争论中更加好用的修饰语”，而且“它不是很容易定义”：“作为一种观念，它不是一个单一的命题，而是错综复杂、相互联系的命题组合。作为一种态度，它通常不是以纯粹的形式而是以矛盾的形式出现的——纯粹的、不掺假的对智识和知识分子的厌恶是不常见的。并且作为一种历史主题……它不是贯穿始终的线索，而是一种不停波动的力量，从不同的源泉获得原动力。”因此，他觉得“给出一个逻辑上无懈可击而从历史的角度看是主观武断的定义是没有什么优势的”。他认为，将那些他称之为“反智的”态度和观念联系在一起的是“一种对精神生活以及代表这种生活的人群的憎恶和怀疑；一种不断低贬那种生活的价值的倾向”②。

霍夫斯塔特虽然没有给出一个“逻辑上无懈可击”的定义，但他还是对“反智主义”进行了大致的描述，它是一系列复杂的“态度和观念”，具体体现在对智识和知识分子的“憎恶和怀疑”。

根据维基百科的定义，反智主义“是对智识、知识分子以及智识追求的敌意和不信任，通常的表现形式是嘲弄教育、哲学、文学、艺术和科学，认为它们是不切实际和可鄙的”。结合这个定义以及霍夫斯塔特的描述，我们可将反智主义分为两种情形：一是反对或者怀疑智性、知识，认为智性或知识对于人生有害而无益；二是怀疑和鄙视知识分子。本书将以此作为研究“美国文学和反智主义”的切入点。

正如霍夫斯塔特在书中所论述的那样，“反智主义”渗透到美国生活的方方面面，有着比较悠久的历史根源。本书的第一章“反智主义与美国社会和文化”将从文学、教育、宗教、政治、电影等方面来介绍美

---

① Richard Hofstadter: *Anti-intellectualism in American Life*, Vantage Books, 1962, p. 3.

② Richard Hofstadter: *Anti-intellectualism in American Life*, Vantage Books, 1962, p. 7.

国社会的反智主义思想，将此作为本书的背景知识。

在文学创作方面，反智倾向最早可以追溯至本杰明·富兰克林。1749年，富兰克林在宾夕法尼亚州起草了“关于青年教育的建议”(*Proposals Relating to the Education of Youth*)。在这份建议里，富兰克林希望青年学生为了实用的目的而去获得知识，他一点也不关心如何将年轻人培养为社会精英或知识精英。简言之，在富兰克林创办的学校里，博学是没有它的位置的。一切学习都是为了获得实用的知识和技能，是用来解决具体、实际的问题。他的个人传记以及《穷汉理查的历书》都间接地体现了他的反智主义倾向。

我们注意到，第一个在虚构作品中表现了反智思想的作家是华盛顿·欧文，他在《睡谷传奇》中设置了一个知识分子和年轻农夫发生冲突而最终农夫胜出的故事情节，旨在表明在充满野性和智慧的农夫面前，知识分子只有落荒而逃的结局。欧文为什么会设置这样一个故事情节呢？类似的智识与原始的生命力之间的冲突具有普遍性吗？这是需要进一步深入探讨的问题。同为浪漫主义作家的霍桑，塑造了一系列反面的、怪异的知识分子和科学家形象。同样的，霍桑为什么不厌其烦地、始终如一地塑造一批反面的知识分子形象呢？其背后的动因是什么呢？他的这种反智倾向在浪漫主义时期同样具有代表性吗？这体现出了浪漫主义文学怎样的美学原则和创作倾向呢？

马克·吐温一直被奉为“美国最伟大的幽默家”，福克纳称之为“美国文学之父”，但他本质上也是反智的。他认为一个人通过生活经历和自我阅读可以学到许多书本中学不到的东西。其小说《哈克贝利·芬》塑造了一个逃避教化，拒绝学校教育，因此得以保住善良和纯真的少年形象。教育和教化是如何成为人健康发展、成长的障碍的呢？这种具有悖论意味的现象又说明了什么呢？马克·吐温的这种反智思想又是如何体现在他对欧洲文化、艺术、宗教的态度上的？

美国20世纪五六十年代的“垮掉的一代”作家更具有明确无误的反智思想。体现在两个方面：其一，垮掉派的文学语言简单粗俗，毫无文雅可言，彻底解构了知识精英们的语言体系；其二，垮掉派作品中很少出现知识分子形象，尽管他们都受过高等教育，但并不认同知识分子，他们抛弃中产阶级的生活标准，普遍认同处于社会底层的边缘人物，他们渴望成为一个“幸福、真诚、喜悦的美国黑人”。这种现象又反映了这个年代的美国什么样的精神面貌呢？

在20世纪的南方作家中，从福克纳到卡森·麦卡勒斯，再到弗兰纳里·奥康纳，其作品充斥着暴力、弱智、畸形的人物形象，这种拒斥智识和理性的创作倾向背后的深层原因是什么呢？反映了作家什么样的文学理念？具有什么样的文学意义呢？这都值得探讨。

本著作以“反智主义”作为贯穿始终的线索，试图通过细致的文本分析，来回答部分美国文学作品中所表现出来的反智主义倾向及其背后的原因。同时，本书采取从一般到普遍的研究方法，既有“点”上的细致论述和深入探究，也有“面”上的宏观分析，两者紧密结合，力图使对该问题的探讨具有条理性和逻辑性，使所得出的研究结论更令人信服。本研究旨在丰富和深化对单个美国作家的理解，同时尝试理顺“反智主义”与美国文学之间的复杂关系。

张国庆　徐贞

目　录

第一章　反智主义与美国社会和文化

一个多世纪前，爱默生称“学者是时代之人”。他所说的学者应该就是我们今天理解的知识分子。他说学者“也必须需要得到同时代人的好感……在这个国家，因为强调对话和公众舆论，人们普遍看好脚踏实地的人。”但他指出，美国人对“意识形态”评价不高，认为“思想颠覆社会秩序和舒适，最终使有思想者变成傻瓜”。当时的欧洲和美洲普遍流行这一观念，但传统上美国学者受到公众的尊重要远低于欧洲。爱默生的时代，教授和他的知识分子同事并没有被看作一个特殊的群体，他们过去没有，现在也没有得到像欧洲给予知识分子那样的荣誉和敬重。①

美国黑人作家詹姆斯·鲍德温对美国社会根深蒂固的反智传统深有体会，他在《发现作为美国人的意义》一文中对知识分子在美国社会和欧洲社会的不同境遇进行了对比，他说：“欧洲作家把自己看作一种古老而光荣的传统——文化活动或文学创作传统——的一部分。在选择这一职业时，他不用去顾虑自己是否会因此而失去所有的朋友。然而，美国却没有这样一种传统……相反，我们对真正的智识努力有一种根深蒂固的不信任感……”②詹姆斯·鲍德温认为，这种不信任感背后的根源是所谓的美国神话：“这也许是因为我们认为它会摧毁我们歇斯底里追

---

① 参见 Merle Curti：“Intellectuals and Other People”，*The American Historical Review*，Vol. 60，No. 2，1955，p. p. 259-282。

② 转引自 Robert F. Sayre：*American Lives：An Anthology of Autobiographical Writing*，The University of Wisconsin Press，1994，p. 623。

求的美国神话……”①他这里所说的美国神话就是美国梦想。

美国梦想的内涵随着时代的变迁有所不同，它根植于美国独立宣言中“人生而平等”、享有“生命、自由和追求幸福”权利的思想。1931年詹姆斯·特拉斯洛·亚当斯(James Truslow Adams)给美国梦想下定义，他说：不管出生环境和社会阶层如何，“每个人都应该靠自己的能力或者成就获得更美好、更富有、更充实的生活。”②美国西部大开发时期，追求美好生活的梦想驱使一批又一批美国人向西进发，从未停止开拓边疆的步伐。1774年弗吉尼亚州总督约翰·莫雷(John Murray)写道：美国人“永远认为远方的土地比他们现在已经定居的土地好”，“即便是天堂，一旦听说西边有更好的地方，他们就会前往”③。他们坚信只要付出不懈的努力和奋斗便能获致更好的生活，实现美国梦想需要的是勤奋、勇气、创意和决心，只有脚踏实地的劳动者才能实现梦想，而不是所谓夸夸其谈、华而不实的知识分子。

正因为如此，大多数开拓西部边疆的拓荒者都满足于基本的实用性学问，比如会3R(阅读、写作、计算)，懂一点地形勘探的知识，人们普遍瞧不起学习和教育，嘲讽专门知识和文化，推崇那些没有多少文化的拓疆英雄。这样的例子比比皆是，比如19世纪以枪法、斗技和吹牛而出名的美国拓荒者和民间英雄人物迈克·芬克(Mike Fink)、在阿巴拉契亚山脉西部建立第一个定居点的拓荒者丹尼尔·布恩(Daniel Boone)、民间虚构的传奇伐木工保罗·班杨(Paul Bunyan)、蛮荒西部的代表人物布法罗·比尔(Buffalo Bill)，等等。在西部，人们的主要任务是开拓边疆，建设家园，他们看重的是行动和多才多艺。因此，学校教育和书本知识被认为是毫无用处的装饰物的想法就不难理解了。昆塔斯·斯奎利(Quintus Squeeley)是19世纪的一位自学成才的编辑、政治

① 转引自 Robert F. Sayre：*American Lives：An Anthology of Autobiographical Writing*，The University of Wisconsin Press，1994，p. 624。

② 参见 https：//en. wikipedia. org/wiki/American_Dream。

③ 同②。

家、慈善家，他热情称赞了为普通百姓开放的普通学校，却大力谴责大学，称大学姑息纵容了富人的高傲，羞辱了辛勤劳作的农夫和努力工作、养家糊口的普通百姓。他说，“你们瞧瞧我，不是大学成就了我，我成就了我自己”①。

这种根植于美国梦想的反智理念在美国深入人心，也一直贯穿于美国整个工业化、商业化过程之中，决定了美国商人和企业家的整体品格。美国商人和企业家重视快速、果断的决策，强调雷厉风行完成任务，无法容忍学者的犹豫不决和他们的理论方法。日益兴盛的商业群体几乎是毫无条件地信奉实用主义，他们并不觉得传统的学术和学问有什么值得留恋的。商业文化中的英雄是那些虽没有受过良好教育却自力更生、勤奋踏实的实干家，而非受过专业训练的知识分子。比如发明家、成功商人爱迪生(Thomas Edison)，肯德基的创始人桑德斯(Harland David Sanders)，石油大亨洛克菲勒(John D. Rockefeller)，福特汽车公司创始人福特(Henry Ford)，钢铁大王卡耐基(Andrew Carnegie)，等等。

成功的商业领袖和实业大亨也大多有反智倾向。铁路大王柯林斯·亨廷顿(Collis P. Huntington)对待知识分子的态度在他生活的那个时代的实业家中间是具有代表性的。在解释为什么年轻人不应该上大学这个问题的时候，他说大学是一堵墙，墙的一边是善良诚实的劳动者，另一面是琐碎无聊的上层阶级。他的意思是说他属于“善良诚实的劳动者”②。爱迪生也说过，要想做出值得称道的成就，需要三个最基本的条件，即勤奋、坚持不懈和常识，和教育、智识没有关系。

经济基础决定上层建筑，商业和实业领域的反智倾向随着美国经济成功、国力日益强大而不断得到强化，逐步渗透到美国实业、教育、政治、宗教等诸多社会领域。正如美国著名作家艾萨克·阿西莫夫(Isaac

① 参见 Merle Curti：“Intellectuals and Other People”，*The American Historical Review*，Vol. 60，No. 2，1955，p. p. 259-282。

② 同①。

Asimov)所言，“美国人是无知的狂热信徒，向来如此。反智主义的血脉一直不断地贯穿于我们的政治、文化生活中，滋养它的土壤是一种错误的观念，认为民主意味着无知和知识一样棒”①。

(一)

美国学校教育中的反智主义思想一直可以追溯到殖民时期，其对学校教育的影响主要体现在教育的宗教使命上。传播宗教教义是当时学校教育的一项重要任务，而宗教的本质是反智的。17 世纪 40 年代，马萨诸塞湾殖民地通过了“马萨诸塞学校法案”，该法案包括三个行政法律，其中最为重要的是 1647 年颁布的《老骗子撒旦法》(*Old Deluder Satan Law*)，这项法律被公认为是美国实行政府指导的义务公共教育的开端。不久，新英格兰地区其他殖民地也颁布了类似的法律。

这项法律规定，拥有超过 50 个家庭的城镇必须雇用一名教师，拥有超过 100 个家庭的城镇必须建立一所“文法学校”，违者将罚款 5 英镑。“创办文法学校”这一条款的目的是为哈佛学院提供生源，以培养年轻一代牧师。该法律的宗旨体现了当时新英格兰地区信奉卡尔文教义的清教徒的宗教信仰，也反映了牧师约翰·科顿的巨大影响。约翰·科顿是波士顿第一教堂的导师，也是马萨诸塞湾殖民地最有影响力的领袖之一。通过实行义务教育，清教徒们希望提高人民的识字水平，这样“老骗子撒旦”就不可能利用文盲来“阻止人们了解圣经”。清教徒们相信，了解圣经是世俗生活和永恒救赎的一项基本要求。这项法令还规定对圣经的解读必须在恰当的权威指导下进行，以避免“披上圣人外衣的骗子”②。

除了宗教义务外，实用主义也是当时学校教育追求的主要目标，而

---

① Isaac Asimov：“The Cult of Ignorance”，*Newsweek*，21 January，1980.

② 参见 David Hackett Fisher：*Albion's Seed*：*Four British Folkways in American*，Oxford University Press，1989，p. p. 132-133。

对实用主义的过分追求势必排斥对所谓纯粹知识的追求，使学校教育具有明显的反智色彩。这将在后面的章节里详细探讨。

殖民地时期的美国，学校教育发展缓慢，教学条件差，入学人数少；教学内容单薄，教学方法简单，具有浓厚的宗教色彩和英国影响；种族歧视和性别歧视严重。到了19世纪，美国的学校教育整体并没有得到什么改善，殖民地时期建立起来的九大学院，规模都很小，学科狭窄，其主要目标就是培养服务于教会和国家的基督教教士，教学严重脱离实际。基础教育也在苦苦挣扎，教师素质低下，学生缺少课本，教学大纲随意性很大，教学任务单调乏味。美国学校教育的里程碑事件是1862年颁布的《莫里尔法案》(*The Morrill Act*)。根据这项法案，政府把土地赠给各州创办农工学院，凡是州政府利用该法案创办或资助的院校都被称为"赠地学院"。拨地兴办赠地学院的初衷是发展经济，振兴农业高等教育，培养农工建设人才，所开设的课程更实用化和平民化，更具有吸引力①。《莫里尔法案》在实用主义精神指引下确立了大学的社会服务职能，是对富兰克林所倡导的实用主义教育理念的极大弘扬，极大促进了美国高等教育沿着实用主义方向发展。

继《莫里尔法案》之后，一系列新的法律法规出台，确定了职业教育在美国教育中的重要地位。20世纪初，美国迅速由农业社会向工业社会转化，大量来自贫穷国家和未受教育移民移农缺少职业训练，难以进入劳动市场，急需在公立教育系统中实施职业教育。在这种背景下，国家援助职业教育委员会(CNAVE)向国会提出了一篇详尽的报告，论证了职业教育的必要性。美国国会通过长达6年的考虑和准备，最后同意了上述报告，于1917年通过了《史密斯—休斯法》(*Smith-Hughes Act*)。《史密斯—休斯法》规定联邦拨款在中学建立职业教育课程，标志着职业教育体系开始形成。

---

①　参见 Roger L. Geiger，Nathan M. Sorber (eds.)：*The Land-Grant Colleges and the Reshaping of American Higher Education*，Transaction Publishers，2013，p. p. ix-xiv。

《史密斯—休斯法》直接影响到美国职业教育的拨款、规模和政府监管。该法案全面实施后，联邦政府给各州的拨款达到每年 700 万美元，20 世纪 50 年代早期更增长到每年 2500 万美元。该法案也激励各州增加职业教育投入，到 50 年代中期各州对职业教育的总投入超过每年 850 万美元①。美国职业教育也随即稳步发展，1917 年至 1921 年，接受联邦资助的职业学校的入学人数由164186人增加到323028人。参加联邦资助的师资培训课程的人数由 1918 年的6589人增加到13358人。《史密斯—休斯法》之后又相继通过了《乔治—里德法》等数项法案，到 1939 年，参加职业教育计划的人数达到 200 万人。1946 年的《乔治—巴登法》使拨款继续上升到2900万美元，大大促进了职业教育的发展。“二战”期间(1941—1945 年)，《国防职业教育法》出台，联邦增加了专款用于发展军事工业的职业教育。“二战”结束后，大批军人退伍，需要就业及就业训练。为此，美国又通过了《大兵权利法》，由联邦政府贷款，安置退伍军人，共资助 200 万退伍军人上了大学。该法案颁布后的 7 年内，780 万退伍军人得到了某种形式的中等以上教育。美国社区学院因此得到迅速发展，至 1961 年达 678 所。1963 年国会通过了《职业教育法》(*Vocational Education Act*)，1968 年通过了《1968 年职业教育修正案》，1976 年又通过了《1976 年职业教育修正案》。由于以上法律的通过，美国职业教育取得了巨大发展，据资料统计，1978—1979 学年，美国提供职业教育的各类学校达27753所，接受职业教育的人数总计达1956万人②。

与蓬勃发展的职业教育相比，美国初级基础教育却不是特别成功。强调教育的功利性目的、忽视训练和记忆等基础技能给美国初等教育基础教育造成了伤害，造成初级基础教育师资力量薄弱。根据 2003 年 2

---

① 参见 David Carleton：*Landmark Congressional Laws on Education*. Greenwood Publishing Group，2002，p. p. 67-68。

② 崔正昀：“美国职业教育的立法及其特色”，《教育与职业》，1996 年 12 期，第 29-32 页。

月 26 日《环球》杂志一篇题为《质疑美国初等教育》的文章，在初级基础教育方面美国各州各自为政，实行不同的教育制度，致使教师水平参差不齐。美国的中学教师没有一个全国的统一考试。美国 50 个州中，只有 9 个州要求初中教师必须通过其所教科目的考试，其他州则无这种要求。一份由《教育周刊》公布的关于美国有史以来教师品质的最详尽的报告，对各州中小学教师品质评定为"C 减"，意味着美国初等教育刚刚及格①。

美国基础教育的薄弱可归咎于美国人对待大众教育的一种矛盾的心态。正如霍夫斯塔特所指出的那样，美国人愿意创办一个面向大众的学校体系，但他们却不愿意给予它足够的支持。他们往往走在世界各国的前头，竭力向民众传播知识，然而承担美国基础教育的师资却是不合格的。他指出，和重视教育的德国、法国和斯堪的纳维亚半岛国家不同，美国"中小学教师一直无力承担引领学生进入智识生活的模范职责"，"他们常常不仅没有自己的智识生活，甚至没有足够的技艺和能力来传输他们应该传输的技能"。究其原因，是中小学教师工资低，不足以吸引优秀的人才。霍夫斯塔特引用了《纽约时报》的报道来说明美国教师的工资情况：密歇根州一城市的教师年薪比清洁工还低 400 美元，佛罗里达州州长家厨师的年薪是3600美元，这比受过大学教育的教师的工资高②。

在美国高等教育方面，反智主义盛行、精神封闭是典型的特征。美国思想家艾伦·布卢姆在《美国精神的封闭》一书中，讨论了高等教育是如何导致民主的失败，如何导致今日大学生心灵的枯竭。具体体现在美国高等教育通识教育极度贫乏，没能向学生提出美好人生的意义是什么的问题，没能使学生接受永恒价值的准则和理想，没能传达并培养一

① 参见 http：//news. sina. com. cn/w/2003-02-26/1647924191. shtml。

② Richard Hofstadter. *Anti-intellectualism in American Life*, Vantage Books, 1962, p. p. 310-311.

种超越个人的社区意识和社会意识。①

另一方面，美国大众媒体对高等教育的报道，既反映了美国高等教育中的反智问题，同时报道本身也具有反智的倾向。克劳申(Dane S. Claussen)写了一本叫作《美国媒体中的反智主义：杂志和高等教育》的书，他指出美国新闻媒体的宣传助长了重视职业教育、怀疑高等教育的社会风气，直接导致了美国文化中的反智主义的盛行。克劳申分析了自《大兵权利法》颁布以来刊登在全国性的大众杂志上的文章，他发现，媒体一边倒地将大学描写为这样一个地方：学生可以做除了研究、学习、写作、思考、辩论外的任何事情——体育运动，恋爱、结婚，喝酒、吸毒，举行抗议，参加兄弟会和妇女联谊会，度假，逃避兵役，逃避父母，找工作，等等。克劳申通过大量的实例分析了美国新闻媒体在诋毁美国高等教育、强化反智主义思潮中所扮演的角色。②

在一篇叫作《美国媒体反智主义简史》的文章里，克劳申进一步指出，20 世纪 90 年代以来的美国新媒体，包括报纸、电视、电台和互联网，报道高等教育的语气、内容和 20 世纪 40 年代到 90 年代的主要全国性杂志的语气没有根本性的不同。除了杂志上所报道的高等教育话题外，报纸报道的高等教育的高频话题还包括大学预算、学费增长、教工工资增长、大学排名、校园犯罪、毕业典礼上的名人演讲、校园健康，等等。广播和电视新闻中关于高等教育的报道是能少就少，也不包含杂志和报纸上没有报道的内容。总之，当代媒体对美国高等教育的报道缺少的是高等教育中“教育”那一部分。

当然，美国媒体中的反智主义倾向如果没有美国公众的接受是不可能维持下去的，然而美国大学的新闻学院也脱不了干系。历史上，新闻记者基本上来自蓝领阶层，19 世纪美国报纸的员工一般包括一两个上

① 参见艾伦·布卢姆：《美国精神的封闭》，战旭英译，译林出版社，2011 年 3 月。

② 参见 Dane S. Claussen：*Anti-intellectualism in American Media：Magazines & Higher Education*，P. Lang，2004。

过大学的编辑和一些高中就辍学的记者，美国许多著名作家在未成名前是靠当记者维持生计，比如马克·吐温。1970 年前，拥有大学学位的记者不超过一半。现在，几乎 100%的美国记者都具有大学学位，多数还拥有新闻学学位。因此，新闻学院有了历史性的机遇来改变美国媒体中的反智主义倾向，但是它们没能做到这一点。

随着美国新闻学院中具有博士学位的教授数量的增加，在他们(通常被称为 chi-squares，即卡方新闻学或传播学教授)和那些退休记者出身、被称作 green-eyeshades 的教授之间形成了隔阂，彼此不信任。甚至今日，美国大部分关于大众传媒的教材是后者写的，他们很少在教材中引用学术研究成果，那些 chi-squares 的研究成果大部分无法应用于媒体实践。新闻学院为了平衡两派之间的利益关系，往往制定比较低的终身教授的学术资格要求，导致一些教授发表的学术文章和著作几乎为零。与此同时，新闻学院的课程设置也越来越具有反智的倾向，一些课程，比如媒体史、媒体管理、公共事务报道被边缘化，甚至被取消。取而代之的是大批有关体育新闻学、体育信息和公共关系、体育营销、体院管理、电子商务、网页设计、动画、计算机游戏的课程，并设置了大量相关的教授岗位，招收大量的本科生。①

总之，美国教育中悠久的宗教和实用主义传统导致“美国人不是那么确定教育的内在的品质标准应该是什么”，不清楚教育开发人的智识和想象力的价值，使美国人“不愿意在教育过程中接受智识价值”②。

(二)

说完了教育，再看看美国政治领域里的反智问题。

---

① Dane S. Claussen: “A Brief History of Anti-Intellectualism in American Media”, *American Association of University Professors*, May-June 2011. <http://www.aaup.org/AAUP/pubsres/academe/2011/MJ/Feat/clau.htm>.

② Richard Hofstadter: *Anti-intellectualism in American Life*, Vantage Books, 1962, p. 309.

美国人林姆(Elvin T. Lim)专门研究了美国总统演讲的语言艺术，写了一本叫作《美国总统的反智主义：美国总统语言艺术的堕落——从华盛顿到小布什》的书。林姆研读了历届美国总统的演讲稿，从42位美国总统演讲稿的撰稿人的采访材料中，他得到了一些有意思的发现。①

首先，美国总统演讲中存在一种一脉相承的、体制性的反智主义倾向，对智识、智慧的思想以及知识分子的诋毁和贬低成了美国总统语言艺术中的主要特色，知识分子成了美国政治最容易受到攻击的彩饰陶罐(piñatas)，从沃伦·哈丁到艾森豪威尔到克林顿再到小布什都是如此。艾森豪威尔是这样评价知识分子的：“妙语连珠的知识分子四处活动，想证明那些不同意他们观点的人是多么地错误。”他还说：“知识分子总是使用过多的词汇来表达他们并不知道的观点。”林顿·约翰逊总统拿做房子做比喻，说知识分子“更关心的是样式，而不是泥灰、砖和钢筋混凝土，他们更关心的是琐碎、表面的东西，而不是真正构筑美国的那些东西”。美国俚语把那些整天只顾埋头看书、不理世事、自以为大有学问的知识分子称为“蛋壳脑袋”(egghead)，这个比喻十分生动形象，大凡用脑过度的知识分子，头发基本上掉光了，秃顶的脑袋颇像一个蛋壳。egghead是个贬义词，在20世纪50年代流行一时，当时美国副总统候选人尼克松用这个词来称呼民主党总统候选人斯蒂文森。在2008年的总统大选中，克林顿的顾问保罗·贝加拉(Paul Begala)这样评价奥巴马：“Obama can't win with just the eggheads and African-Americans.”意思是说奥巴马只靠知识分子和非洲裔美国人的支持是不可能当选总统的。

再次，多数美国总统更愿意表现出没有实际上那样聪明、智识，在语言艺术上也日益堕落至平庸、空泛的境地。很早就有人注意到政治和

① 参见Elvin T. Lim：*The Anti-Intellectual Presidency：The Decline of Presidential Rhetoric from George Washington to George W. Bush*，Oxford University Press，2012。

语言堕落之间的特殊关系，称政治语言是“陈腐的……高度程式化的，大部分时间是可以预测的”，而所谓民主的政治语言就是一种修饰，一方面赋予平庸一些棱角，另一方面抹平锋芒的棱角。具体而言，美国总统们在演讲中所做出的修辞努力是一种“语言的挣扎”，难见独到的见解。如，沃伦·哈丁的演讲风格颇受争议，他各种频繁的口误、低级语法错误、自编新词以及词汇误用也给他招致了不少恶名，他喜欢创造或改用各种新词，喜欢使用头韵修辞，以至于让人感觉他在夸夸其谈，甚至不知所云。门肯是这样评价哈丁的总统就职演讲的：“他写的英语是我所遇到过的最糟的。它让我想到一串湿漉漉的螃蟹卵块；让我想起褴褛的衣衫挂在眼前；让我想起发馊的豆子汤，大学里一群吵嚷的疯狗像白痴一样彻夜狂吠。它是如此之坏，以至都渗透着一丝威严。它拖拖拉拉地爬出众人唾骂的万丈深渊，然后疯疯癫癫地爬向优雅华丽的最高峰顶。它咕咕哝哝、结结巴巴；它胡言乱语、乌七八糟；它单调无趣、破烂不堪”①。哈丁病逝后，诗人卡明斯(E. E. Cummings)说：“所有的男人、女人、儿童中唯一一位写一个简单陈述句就要带上七个语法错误的人死了。”②哈丁可能是个极端的例子，但是门肯对他的评价同样也适用于他在白宫的继任者，最近的例子是美国前总统小布什。从就任总统开始，布什的智力程度一直是许多媒体和谣言聚焦的话题，有些人甚至还质疑他智商过低。人们经常指责布什在演讲中语法错误多，语无伦次。在发音上的一些错误也常常成为被嘲笑的目标。

上面说的是政治语言上的反智主义。美国政治史上最著名的反智事件当属20世纪50年代的麦卡锡主义。麦卡锡1942年开始担任共和党参议员，他任职参议员期间，促使成立“非美调查委员会”(House Committee on Un-American Activities)，在文艺界和政府部门煽动人们互相揭发，许多著名人士，如演员查理·卓别林和“原子弹之父”罗伯

① H. L. Mencken, on Pcesident Warren G. Harding, *Baltimore Evening Sun*, March 7, 1921.

② Michael J. O'Neal: *America in The* 1920*s*, Infobase Publishing, 2009, p. 22.

特·奥本海默等，受到了迫害，被指控向苏联透露机密和为苏联充当间谍。1950年，他公开攻击共产党人，这种责难很快地扩散并影响数以千计的人们。自由派人士、学院教授、演艺家、新闻工作者、职员和其他人士都被怀疑，受到牵连和迫害，许多人为了避免失去工作被迫向政府宣誓效忠。

麦卡锡主义针对的本是文艺界和政府部门，但随着运动的进行，美国成千上万的华裔和亚裔被怀疑为“间谍”。他们不仅被非法传讯，不被允许寄钱给中国的亲人，甚至被禁止公开谈论自己的家乡，还有不少人因被指责“同情共产党”而受监禁、被驱逐甚至遭暗杀。著名物理学家钱学森也因被指责在“二战”时参加了美国共产党的活动，受到了联邦调查局的传讯。他的私人信件被拆，住宅电话被窃听，他的“国家安全许可证”也被吊销。

美国政治中的反智主义倾向从肯尼迪总统开始逐渐减弱。肯尼迪是天主教，在美国，天主教徒参选美国总统面临重重困难，因此，在竞选总统期间，肯尼迪和他的团队注重在不同社会阶层中扩大影响，包括知识阶层。肯尼迪当选总统后，邀请诗人弗罗斯特和卡明斯、大提琴演奏家帕布罗·卡萨尔斯到白宫做客。肯尼迪知道，美国如果要开拓新的边疆就需要知识分子的帮助，需要不断地寻找人才。

但就最近几次美国总统选举来看，共和党推出了像奎尔、布什和佩林这样的人作为总统、副总统候选人，说明反智主义仍有相当的市场，证明这一思潮作为政治武器的有效性。布什在职八年，他不仅知识贫乏，视野偏狭，而且严重缺乏智力上的安全感和好奇心，因而导致对一切抽象思维和理论探讨的不加掩饰的敌意和蔑视。而知识、智力、好奇心和视野上表现贫乏的佩林被挑选为共和党副总统候选人，这被称为“共和党的一个致命癌症”，也说明共和党对反智主义的执着。①

---

① 许刚：《反智主义在美国政治生活中的重挫》，《华夏文摘》，2008年11月18日。

（三）

宗教和反智主义有天然的血缘关系。一个基本的事实是，一个人宗教信念越强，他(她)就越不重视科学和教育。话句话说，有智慧、有学问的人更倾向于质疑未经证实的主张，更不太可能接受权威的论断。根据最权威的科学杂志之一的《自然》杂志发表的报告，美国科学院院士中，信“神”的比例只有 7%，93%的美国科学院院士不相信神的存在，① 包括世界上最具有智慧的人，比如爱因斯坦和霍金。美国建国时期的杰出人物本杰明·富兰克林、托马斯·潘恩、托马斯·杰斐逊等也都属于这一类人。在美国社会，大多数基督徒是无知而高傲的，美国历史上出现的一些所谓白痴总统的当选主要是由于基督教原教旨分子的支持。另一项针对英国皇家科学院院士的信仰调查发现，86.6%的院士强烈不相信一个人格化的“上帝”的存在。②

另一方面，美国宗教信众对知识和学问的反感和不信任的部分原因是牧师。在殖民时期的美国，牧师是非常有学问的人，约翰·科顿、托马斯·胡克、罗杰·威廉姆斯等无一例外都是学问很好的牧师。这些牧师因为学问高，普通教徒听不懂他们，因而感到乏味，感到痛苦。牧师们没能考虑到普通信众的需求，忽视了他们对宗教情感的诉求，这就直接导致了大众对学问的反感和不信任。

同时，许多牧师也认为学识在某种程度上威胁着宗教。甚至像乔纳森·爱德华兹这样有学问的牧师也责备大学未能担任起传播宗教信

① 参见 Edward Larson and LarryWitham：“Scientists Are Still Keeping the Faith”，*Nature*，1997(4)，p. p. 435-436<https://www.nature.com/articles/386435a0>。

② Michael Stirrat & R. Elisabeth Cornwell：“Eminent scientists reject the supernatural：a survey of the Fellows of the Royal Society”，*Evolution：Education and Outreach*，2013（6），p. 33 < https：//evolution-outreach.biomedcentral.com/articles/10.1186/1936-6434-6-33>.

仰、培养虔诚信徒的职责。19 世纪美国学术界持续不断地站出来反驳学术和宗教本质上是不相容的观点，这从一个侧面也反映了学术威胁宗教的观点是多么地根深蒂固。达尔文的进化论和宗教的论战使宗教和学术之间的冲突引起了广泛的关注，这场论战一直持续到 20 世纪。20 世纪初期，美国中学教科书已经开始介绍达尔文的进化论。1919 年，美国世界基督徒基要主义者协会(World's Christian Fundamentals Association)成立，公开反对在美国公立学校讲授进化论。迫于原教旨主义基督徒的压力，美国共有 20 多个州的立法机构考虑采取反进化论的措施。在这过程中，威廉·詹宁斯·布莱恩(William Jennings Bryan)扮演了重要的角色。他曾经是民主党总统候选人，担任过国务卿。作为一个虔诚的基督徒，他是进化论的坚定反对者。1921 年，布莱恩发起了“反对在公立学校讲授进化论”运动。经过努力，布莱恩及其追随者获得了成功。1925 年，禁止在公立学校教授进化论的法案被田纳西州议会通过，称《布特勒法》(*The Butler Law*)，在美国各地引起强烈反响。这一法案“禁止任何由州政府部分或者全部拨款的大学、学院和公立学校讲授任何否认圣经关于上帝创造人的故事、宣扬人从低等动物演变而来的任何理论”。同年，这项法律引起的著名的“猴子审判案”轰动整个美国。田纳西州代顿镇中学教师斯科普斯因触犯田纳西州禁止讲授进化论的法律而受到审判，审判最终判斯科普斯有罪，处罚款 100 美元。“猴子审判”成为“反现代宗教裁判”的著名案例，是科学与宗教在法律领域内的一次重大较量，具有非凡的意义。但是，反进化论并没有因为“猴子审判案”的结束而结束，直到 1967 年，田纳西州才取消了《布特勒法》，次年，美国联邦最高法院判定所有类似的反进化论立法为违宪。①

① 参见 John Thomas Scopes：*The World's Most Famous Court Trial*：*Tennessee Evolution Case*：*a Complete Stenographic Report of the Famous Court Test of the Tennessee Anti-Evolution Act*, *at Dayton*, *July* 10 *to* 21, 1925, *Including Speeches and Arguments of Attorneys*, The Lawbook Exchange, Ltd., 1997。

基督教原教旨主义在影响美国公众对待知识分子的态度上作用巨大，到现在它依然影响着大批美国人的基本态度。在受过教育、具有自由主义思想的人中间，依然有不少人对“以科学为上帝”的知识分子怀有敌意和怀疑。但是，随着美国社会文化的世俗化，宗教不再是美国反智主义的主要源泉。

（四）①

20 世纪 80 年代以来美国电影的情节和主题在四个方面存在反智主义的倾向：1. 贬低智识、崇尚低智商；2. 表现科学家的邪恶，或者科学的滥用造成灾难；3. 追求快节奏和感官的刺激，缺少深度思想；4. 违背科学尝试和自然法则。电影是社会文化的典型体现，美国电影中的反智主义是美国社会文化根深蒂固的反智传统的体现。

20 世纪八九十年代，美国社会的反智情绪进一步高涨，好莱坞推出了一批贬低现代文明、崇尚低智商和回归原始的影片，有人称之为“反智电影”。电影《阿甘正传》是“反智电影”的典型代表，其他具有类似倾向的影片有《IQ 情缘》《阿呆与阿瓜》《雨人》《第七天》《提姆爱我》《马拉松》《摒弃》《寻找失去的爱》，等等。

美国电影《阿甘正传》1994 年出品，立即引起巨大反响，获得了 6 项奥斯卡金像奖，其中包括最佳影片、最佳男主角奖。一些商家也从中看见了商机，推出了“阿甘语录集”、阿甘 T 恤衫，甚至还有人成立了巴布甘虾业公司（Bubba Gump Shrimp Company），其创业灵感来自电影《阿甘正传》。

影片的主人公阿甘出生在美国南方阿拉巴马州一个小镇，小时候因为脊椎问题，需要在腿上安装矫正支架，因而常常受到别的孩子的欺

① 本节内容以“美国电影中的反智主义”的篇名发表在 2014 年第 11 期《英语广场》上。收录时有改动。

负。阿甘的智商只有 75，按入学标准只能进入为弱智儿童设立的特殊学校。但是阿甘的母亲始终抱着殷切的期望，希望他能接受正常的教育，和大家过一样的生活，常鼓励阿甘说“蠢人有蠢福”(Stupid as stupid does)。

阿甘逐渐显露出其非凡的运动天赋，并因此一帆风顺：他因跑得快而逃脱了同学们的欺负，同样因为跑得快成为校美式足球队成员，并被保送至阿拉巴马大学。阿甘在越南战争中负了伤，在疗伤期间偶然接触到乒乓球，迅速成为高手，被选进美国乒乓球队，代表美国出访中国。退役后，为了实现对死去战友的诺言，阿甘开始出海捕虾，同样因为偶然的机会成为巨富。

那么，阿甘的成功靠的是什么呢？关于这个问题的答案是有争议的，真诚、善良、单纯、乐观、运气、执着……这些都可能是答案，但是如果放在美国大的社会背景下来看，答案可能有所不同。其实，《阿甘正传》是美国 20 世纪 90 年代反智电影的代表作，阿甘的成功靠的是他纯净的精神和上帝的恩惠，影片所传达的信息明确无误：智力(或者能力)是不重要的，上帝会眷顾那些没有天赋的人，因而人人都是有天赋的。阿甘之所以能取得一些成就是因为他人品好，比如他不想抛下战友、舍身营救，他的勇敢使他获得了国会荣誉奖章。但是，他能成为跑步高手纯属天赋；成为乒乓球冠军也绝非苦练的结果，而只是简单的“眼睛别离开球”；他的捕虾船躲过了飓风的袭击，并因其他的捕虾船被毁、没有竞争对手而大获成功，成为百万富翁。这一切的取得源于阿甘去教堂向上帝祈祷。

有人常常把阿甘同 1979 年出品的另一部美国电影《在那里》(*Being There*)中的主人公强斯(Chance)进行比较，但是两者有很大的差别。强斯是个头脑简单的老园丁，他整天以看电视度日，久而久之，他的整个思想、行为和世界观已完全电视化。偶然间，他在别人面前“秀”了一下他的广博知识，竟然技惊四座，甚至还因此当上了政客倚重的智囊。强斯之所以成功是因为这个病态的社会误解了他的愚蠢，从而具有强烈的讽刺意味。但是《阿甘正传》没有任何讽刺意味。

《阿甘正传》不仅表达了才干是不重要的这层意思，而且还通过詹尼这个人物传达了才干是获得美好生活的障碍这层信息。詹尼具有独立的思想，质疑权威和社会标准，同时具有探险精神。但是，詹尼为此得到惩罚。她从小就受到一系列的暴力虐待，得不到家庭的温暖，长大后还常常受到男友的暴力虐待，并最终死于"一种病毒"，可能就是艾滋病。詹尼挑战权威、寻求独立的根源在于她破碎的、不愿回去的家，一种邪恶的力量驱使她特立独行、敢于实验，但是，她没有阿甘那样的运气，她的生活充满了毒品、暴力和病毒。她一再拒绝阿甘的爱情，美好生活一直都只是个虚幻的梦想。

与詹尼形成对照的是，阿甘的妈妈爱他，他也总是听从妈妈的话。妈妈不断地告诫他，他和别的人没有什么不同。影片不断地强化这样一种观念，即"愚蠢没有什么过错"。诚然，我们应该友善对待那些能力低下的人，应该照顾那些不能照顾自己的人。但是，影片如此表现无能和愚蠢真的没有什么过错吗？它实际上是在贬低能力的价值，宣扬这样一种观念，即能力与成功无关，要成功只需按照别人告诉你的那样去做，像阿甘一样；成功也无需付出努力，上帝或者运气会照顾你，就像阿甘的捕虾事业一样。

因此，《阿甘正传》因其具有明白无误的反智主义思想而具有极大的颠覆性，它颠覆的是自启蒙运动以来的人类所崇尚的知识和效能，是人类探索自然、获得知识的精神。

同年发行的另一部电影《IQ 奇缘》颠覆了爱因斯坦的传统形象，宣扬所谓"心智"比"头脑"重要的主题思想，也具有明显的反智主义色彩。

影片主人公凯瑟琳是普林斯顿大学数学博士生，她的未婚夫詹姆斯是实验心理学教授。一次偶然的机会，汽车厂技工爱德华遇见了凯瑟琳，对她一见倾心，虽然凯瑟琳对他也有好感，但她绝不会接受一个没有多少学识的技工。这个时候，凯瑟琳的伯父爱因斯坦出场了，他不再是沉迷于科学迷宫里、不食人间烟火的科学家，而是喜欢恶作剧、似乎整天无所事事的欢喜老头。他和另外三个科学家同伴想方设法来撮合凯瑟琳和爱德华，因为他知道侄女“头脑”(mind)聪明而“情商”(heart)不足，他相信“情商”比“头脑”重要，因此他认为爱德华更适合凯瑟琳。他们编造谎言，让凯瑟琳相信爱德华是发明了“冷聚合”的业余科学家，并对她产生了爱恋，最终两人相恋。影片结尾，目睹着小两口恩恩爱爱，爱因斯坦露出了开心的微笑。

和文学作品一样，表现科学家的邪恶，或者科学的滥用造成灾难，也是美国电影的偏好，是好莱坞电影的常见叙事模式之一，或多或少地表现了反智主义的主题。

较早一部关于科学和罪恶的影片于1931年出品，是改编自玛丽·雪莱的小说《弗兰肯斯坦》(*Frankenstein*)的同名电影，至今弗兰肯斯坦已成为好莱坞经典形象之一。主人公弗兰肯斯坦是一位从事生命科学研究的学者，他试图通过人工方法创造出生命。通过无数次的试验，他成功创造了一个面目可憎、奇丑无比的怪物。开始时，这个人造怪物秉性善良，对人充满了善意和感恩之情。慢慢地，他要求他的创造者给予他人的种种权利，甚至要求为他创造一个配偶。但是，当他处处受到创造者和人们的嫌恶和歧视时，他感到非常痛苦。他憎恨一切，想毁灭一切。于是，他杀害了弗兰肯斯坦的儿子威廉，又企图谋害弗兰肯斯坦的未婚妻伊丽莎白。弗兰肯斯坦怀着满腔怒火追捕他所创造的恶魔般的怪物。最后，在搏斗中，弗兰肯斯坦和怪物同归于尽。

2004年出品的电影《科学怪鱼》(*Frankenfish*)中怪鱼的英文名是Frankenfish，毫无疑问它是从Frankenstein派生而来。故事讲述的是一群黑鱼(snakehead)经过遗传工程处理后变得凶猛无比，流入美国路易斯安那水域后给当地渔民带来灭顶之灾。

在《科学怪鱼》之前的《深海狂鲨》(*Deep Blue Sea*)(1999年)讲述了一个类似的故事。生化制药厂的老板法兰克林是海底研究中心的赞助商，他提供大量资金让苏珊·麦卡利斯特博士研究开发抗阿尔茨海默症的神奇药丸。麦卡利斯特博士与她的研究小组在海底研究中心以鲨鱼为实验对象，取其脑中蛋白质，注入人类坏死的脑神经细胞。但法兰克林因投资失利，打算停止研究中心的经费赞助，这对于成功在望的麦卡利斯特博士而言不啻一个重大打击。在麦卡利斯特博士的努力说服之下，法兰克林只好要求尽快看到成果，并且前来研究室目睹了他们的成就。为达到目的，麦卡利斯特博士违背哈佛基因工程协定，运用基因工程加大鲨鱼的脑容量，以提取更多鲨鱼脑蛋白，与此同时鲨鱼也逐渐变得聪明，并且越来越强壮。但这不为人知的改变只有麦卡利斯特博士和与鲨鱼朝夕相处的潜水员卡特·布莱克知情。虽然卡特曾向麦卡利斯特提出警告，但她置之不理。终于，在最后一次实验中，鲨鱼向人类展开致命的报复，一场不可避免的大灾难于是展开。最终，实验室沉入海底，只有三个人死里逃生。

表现人类科学改变动物的基因从而酿成大祸的影片不胜枚举，数量多达数百部。

《异种大海怪》(*Humanoids from the Deep*，1980)：一帮人形怪物出现在一个叫作 Noyo 的渔村，它们攻击人类，并强奸人类女性为其繁殖后代。由于其种群不断扩大，人们开始和这群变异怪物进行一场你死我活的战斗。这些人形怪物来自一家公司的实验室。实验人员改变三文鱼的基因，以期生产更多的鱼罐头。结果这些基因发生变异的鱼逃离了实验室，又被更大的鱼吃掉，最终生成了人形怪物。

《雷克斯暴龙》(*Carnosaur*，1993)：一位美国生物学家改变了鸡蛋的基因，创造出一种硕大无比的恐龙，且将之放生于中西部的小镇上。恐龙残暴无比，胃口奇大，任何阻扰它的人或兽，都成了它的食粮，一场可能毁灭世界的大战即将爆发。

《变种 DNA》(*Mimic*，1997)：生物学家苏珊和彼得夫妇出于科研需要曾"制造"出一种只有半年存活期的昆虫。三年后他们偶然发现这种被他们夫妇命名为"犹大"的昆虫，在纽约市黑暗的地下通道中成千上万地繁殖，并且在夜间以人的面目出来猎食。儿童因它们而感染上致命的皮肤病。现在只有苏珊和彼得才有办法阻止这场灾难。2001 年和

2003年又分别推出了《变种DNA》第二和第三部，主题类似。

《冰冻蜘蛛》(*Ice Spiders*，2007)：一批奥运会滑雪项目的运动员，到滑雪胜地封闭培训两个星期，那里没有电视、手机和互联网。在山上，有座绝密的政府实验室，在那儿工作的夏博士常去滑雪胜地取私人邮件。一天，当她回到山上，她发现实验室凌乱不堪，异形蜘蛛用丝把同事紧紧包住，以待日后食用。根据繁殖计划，超级蜘蛛的丝是用来制造军用铠甲的，但没想到喂养的激素食物不足，它们变成了疯狂的蜘蛛。

美国电影中的反智主义还体现在过于追求快节奏和感官的刺激，缺少深度思想。好莱坞电影不断运用高科技和电脑合成技术制造出逼真、震撼的爆炸、赛车、灾难场面，给观众最大程度的感官刺激，电影的故事性和思想性往往被忽视。好莱坞著名导演诺曼·杰威森1986年在接受俄亥俄州的*The Bryan Times*日报采访时说了这样一段话：

“我觉得我们现在正在经历一个反智的阶段，也许这是电视一代所带来的后果。像我这个年纪的成年人(59岁)不是在电视下成长起来的，五六十年代出生的人现在30多岁、20多岁，他们是在电视没完没了的视觉刺激和变换中断奶的。现在这些观众，如果没有大量的动作和快速的场景变换，会感到不安。每30到40秒钟就得有视觉变化，不然他们就会失去兴趣。如果对话没有在三四分钟内抓住他们的注意力就算失败，不论这对话写得多么好、演得多么棒。这个问题让作家和演员感到为难，导演也无计可施。”①

美国的一些动作片违背科学常识和自然法则，给许多学生以误导，这也是其反智思想的一个表现。

美国中佛罗里达大学的两位教授在德国的一家叫作*Praxis der Naturwissenschaften Physik*的杂志上发表了一篇名为《好莱坞大片：无限的欢乐、有限的科学素养》的文章，指出好莱坞电影的剧本作者和导演

① 见美国1986年1月11的*The Bryan Times*日报。

缺乏基本的科学常识。文章指出，类似于《速度与激情》中的公共汽车以70英里的时速越过高速公路上50英尺的缺口是不可能的，但年轻的观众相信。类似的还有电影《蜘蛛侠》——蜘蛛侠完全无视地球引力作用，飞来飞去。作者在文章中指出，"我们今天所享受的奢华生活和现代化的便利，是20世纪60年代空间竞争时代的科学研究所带来的，它不是凭空产生的，它是人们进行刻苦科学研究的成就。"①

(五)

其实，反智主义不是美国社会所特有的现象，只不过美国情况比较突出和明显。如果要从历史的角度探讨美国的反智主义，我们就需要将目光转向欧洲。即使在知识分子获得稳固的社会地位的文化里，拥有知识的人也明显不被人们所喜欢。公元前2500年前的《普塔霍特普谚语》(*Proverbs of Ptahhotep*)中有"不要因为你的知识而傲慢自大，不要因为你是个有学问的人而趾高气扬"的告诫，暗示了古埃及人对知识拥有者的保留态度。柏拉图的《理想国》花了很大的篇幅来分析大众对哲学的憎恶。几个世纪后，就在苏珊·康斯坦号从泰晤士河起航驶往美洲建立詹姆斯敦殖民地前几个月，伦敦出现一本引人注目的书，其作者是政治家兼哲学家培根，书中表达了对学术所遭受的种种侮辱和轻蔑的担忧。培根相信，这种状况完全是某种形式的无知造成的，有时表现为对神的热诚和妒羡，有时表现为政治的苛刻和无知，有时表现为学问者自身存在的错误和缺陷。这种对待学问的态度漂洋过海来到美洲，当然，随之而来还有培根的信念，即人类有能力利用自己的能力支配自然，为自己服务。

从普遍意义上讲，反智主义思想还和民粹主义、独裁统治和错误的

① 见文章"UCF physicist says Hollywood movies hurt students' understanding of science", Aug. 15, 2007<http://phys.org/news106397085.html>。

信念等有着密切的关系。

民粹主义坚信诚实、勤劳的大众受到腐朽的、享受特权的“精英阶层”的压迫和剥削。尽管这是事实，但是民粹主义的理论主张是站不住脚的，因为民粹主义者憎恨智识和教育，时时感到受到威胁，他们信奉“越低越好”，推崇平庸和同一性，在民粹的旗帜下个体因为才能和成就而受到惩罚。

独裁统治永远是反智的，道理和宗教类似：智慧的、受过教育的人更有可能对现有的体制和社会状态提出质疑，更有可能洞察问题的根源。因此，高等教育被看成是危险的、颠覆性的。

最后一点是人们的一些错误观念。许多人相信聪明才智会给人带来不幸，愚笨的人更幸福。中国有句俗语，说：“人生烦恼识字始。”意思是说一个人开始读书识字就会有烦恼了。海明威也说过：“我很少见到聪明的人幸福。”（Happiness in intelligent people is the rarest thing I know.）

第二章　富兰克林的反智倾向①

本杰明·富兰克林是美国开国元勋之一，一生传奇，成就卓越，兼作家、政治家、发明家、外交官、科学家等于一身，被誉为“第一个美国人”。在他的身上，节俭、勤劳、自律的清教主义的精神，重视教育和社区团结、主张建立自治制度、政治和宗教上反对专制的民主精神，以及启蒙主义的科学、宽容的价值观，和谐地统一起来。亨利·斯蒂尔·康马杰这样评价富兰克林：“在富兰克林身上，有清教思想的美德而没有它的缺陷，有启蒙思想的启迪而没有它的狂热”。②

作为作家的富兰克林以《穷汉查理的历书》系列和《富兰克林自传》为世人称道。前者从1732年开始以年历的形式出版，连续出版25年，每年销量多达1万册，给富兰克林带来财富和名声。后者创作于1771年到1790年期间，在富兰克林去世后出版，被认为是有史以来最知名、最具有影响力的自传之一。

本章通过详细解读这两部作品，结合相关历史文献来探讨了富兰克林的宗教观、教育理念、文学观，得出结论：虽然富兰克林是著名的知识分子，也是富有成就的作家，但是他对实用主义的过分强调，使其具有初步的反智倾向，为后来美国社会中盛行的反智主义思想奠定了基础。

---

① 本章内容发表在《海南师范大学学报(社会科学版)》2013年第7期上，收录时有修改。

② 转译自 James Campbell：*Recovering Benjamin Franklin：An Exploration of a Life of Science and Service*，Carus Publishing Company，1999，p. 167。

在宗教上，同伏尔泰、卢梭、托马斯·杰斐逊一样，富兰克林是个自然神论者。“当我还不到十五岁时，我开始对天启本身发生怀疑了。我偶然碰到了一些反对自然神教的书籍，据说这些书是博尔演讲中讲道文的大意。它们对我的影响恰巧跟它们的原意相反，因为为了驳斥自然神教，它们引证了自然神教信徒的议论，但是这些议论在我看来却比那些反驳它们的理论还坚强有力。简单地说，不久我就成为一个彻头彻尾的自然神教信徒了。”①

自然神论者认为上帝创造了世界后，听任它按照自身的自然法则运行，而不加以干预。1790 年 3 月 1 日前后，富兰克林写信给耶鲁大学校长斯代尔斯(Ezra Stiles)，回答后者提出的有关他的宗教观的问题。他说：“至于拿撒勒的耶稣，您特别想听听我对他的看法。我觉得，他留给我的道德体系和宗教是世界上最好的；但是，我担心它已经经历了一些堕落的变化，并且考虑到目前英国大多数非国教信徒的情况，我对它的神性产生了一些怀疑。尽管我没有研究过这个问题，不能武断地下结论，但是我想现在没有必要去忙这件事，因为我期待着不久就有一个机会去了解真理而不用那么麻烦……”②像托马斯·杰斐逊一样，富兰克林认为耶稣的教义被其四分五裂的信徒曲解了，尽管他的“道德体系和宗教”是最好的，但却对它的神性产生了怀疑。这在他的自传中也有所提及：“我原来受到的是长老会教派的宗教熏陶，这种教义的某些信条，诸如‘神命永恒’‘上帝选民’和‘神的谴责’等，在我看来难以理解，别的信条则叫我心存疑惑……但我却不是没有自己的宗教原则。比方说，我从来不怀疑上帝的存在：它创造了世界，按他的旨意统治世界，对上帝的最好的侍奉就是与人为善，人的灵魂不朽，以及无论今生和来世罪孽受惩罚，美德得褒奖。我认为这些都是每个宗教的精髓，都

① 本杰明·富兰克林：《本杰明·富兰克林自传》，李自修译，人民文学出版社，2005 年，第 67 页。

② 转译自 Carl Van Doren：*Benjamin Franklin*，The Viking Press，1938，p. 777。

是我国所有宗教的精髓。我对这些十分尊重，虽然尊重的程度有所不同。原因在于，我发现它们混杂着别的律条，非但不去激发、促进并确定道德规范，反而从原则上分裂我们，使我们彼此产生敌意。”①在承认上帝存在的前提下不相信神秘启示、抽象信条等，这些也都是自然神论者的一些基本观点。

自然神论者“不承认特殊的启示、奇迹、超自然的预言、神意照管、道成肉身以及基督的神性，往往同时还会对实定宗教的仪式、教规和制度表示否定，认为它们都是只顾一己之私的人们虚构出来的东西，并非源自于神。”②这句话道出了自然神论的两个最重要的观点，反超自然和反教权。其中“一己之私”的“己”便是指教会。在宗教改革之前，教会有许许多多的铺张冗杂的仪式典礼，而遵守这些仪式甚至成为宗教义务中最重要的部分之一。自然神论者有着强烈的反教权主义（Anti-Clericalism）倾向，他们认为神职人员奸诈狡猾而又自私自利，靠欺骗保持自己的权威，对各类仪式他们更是不屑一顾。富兰克林在评价当时盛行的牧师讲道时曾说：“他们既不教给人们一条道德准则，也不能叫人身体力行。其目的与其说是培育高尚公民，倒不如说是制造长老会会员。”③而在提到一些在他看来腐朽的民间宗教传统时更是讽刺味十足：“侍奉上帝就是行善于人，但祈祷更简单易行，因此大家都乐于去做。”④再观自然神论者，他们丝毫不在乎圣礼和仪式，也没有抽象深奥的教规，摒弃了礼仪和教规。从这个意义上讲，自然神论其实是一种更加“草根”、贬损权威的宗教哲学。这跟“反智主义”反对且鄙夷精英阶

---

① 本杰明·富兰克林：《本杰明·富兰克林自传》，李自修译，人民文学出版社，2005年，第87页。

② 约翰·奥尔：《英国自然神论：起源和结果》，周玄毅译，武汉大学出版社，2008年，第4页。

③ 本杰明·富兰克林：《本杰明·富兰克林自传》，李自修译，人民文学出版社，2005年，第88页。

④ 本杰明·富兰克林：《穷查理智慧书》，吴梦之译，金城出版社，2010年，第210页。

层、崇尚草根文化的重要特征几乎是异曲同工。传统教会在当时扮演的就是宗教知识精英团体的角色，具有绝对的话语权，自然神论者不愿意传统教会或者牧师来告诉他们上帝是如何存在的，应该怎么信仰上帝，这与反智主义者对待传统知识分子的态度如出一辙。这种反对传统知识精英的态度也就使得自然神论者带上了反智主义的色彩。

除了反教权主义，反超自然主义也是自然神论的重要特征。自然神论者的大部分作品中包含了对圣经里预言和奇迹的猛烈抨击，他们反对超自然力量，反对神秘以及传统基督教的神学抽象思辨。他们从经验论的角度出发，完全排斥形而上学，为了用“理性”驳倒传统“启示”宗教，把获得这种神秘启示的方式——生命体验和心灵的感受——通通丢弃。这也是后期自然神论受到猛烈抨击的原因所在。很多人认为，宗教不是理性或经验可以论证的，必须诉诸抽象的情感体验。对自然神论进行无情批判的休谟曾说，“我们并没有材料来建立任何宇宙构成论的体系。我们的经验，它自身如此地不完全，范围和持续两方面又如此地有限，不能为我们对于万物的起源提供可能的揣测”①。由此他得出结论：世界的终极一定是精神性的东西而不能是一种物质性的东西，在追求更高真理和智慧的道路上，精神层次的生命体验是不可或缺的。这类体验和抽象思辨也正是知识分子最主要的生活方式及特征，这也正是反智主义者所反对而鄙夷的，正如霍夫斯塔特所定义的：“反智主义就是人们对用‘头脑’生活以及那些代表着这种生活的人的憎恨和怀疑”。② 自然神论者关心的是基督教中有利于增进现世福祉的道德准则，较之传统宗教而更为“实际”和“理性”。说到这儿，我们也就不难理解为什么富兰克林会逐渐变成一个自然神论者。“对富兰克林而言，上帝的启示非常遥远，所有的事情都依赖个人强加在自己日常生活中的理性的秩序，或者

① 休谟：《自然宗教对话录》，陈修斋、曹棉之译，商务印书馆，1962 年，第 40 页。

② Richard Hofstadter: *Anti-Intellectualism in American Life*, Alfred A. Knopf, Inc., 1963, p. 7.

通过自己的探索发现生活的秩序。”①富兰克林不相信抽象的“启示”，在宗教上他也始终带有根深蒂固的实用主义情结，总是从有用或者没用，是否贴近日常生活的角度来评判宗教。这一点他在自传中也有所提及。“某些行为虽然就其本质来说并非因为‘天启’的禁止就成为邪恶，或者因为‘天启’的放行就成为善良；然而，可能的倒是：这些行为之所以被禁止，是因为它们本质上对我们不利；之所以得到放行，是因为它们本质上对我们有利。”②富兰克林曾在旅行期间，拜访了功成名就的凯姆斯勋爵，一位传统的对自己的宗教知识异常自负的人。富兰克林当着他的面读了一篇自己仿照《圣经》写的寓言，里面说道：“我不崇拜你所说的上帝，也不祈祷他的名字，因为我已使自己成为上帝，他住在我的屋里，为我提供着一切东西”。③ 富兰克林认为提供给每个人美食、衣服、金钱的不是大众认为的虚无缥缈的上帝，而是人类自己，这显然也是从实际的角度来看待宗教的。这样，宗教已经全然没有了超自然以及神秘的味道，在他看来，宗教信仰压根不需要抽象思考、理解和想象。

由此可见，富兰克林作为一位早已把传统宗教、知识精英、抽象思辨和生命体验抛之脑后的追求实用主义的自然神论者，在宗教上有着反智主义的倾向。

在教育理念上，富兰克林绝对信奉实用主义。在他的《自传》中，当提到一位遗孀因曾经所学的会计知识而在后来的事业中获得成功时，他这样评论道：“对年轻妇女的这种教育，是十分可取的。这对于她们以及其子女，可能比音乐和舞蹈来得更为有益。万一她们遗孀也能保全

---

① Robert Freeman Sayre: *The Examined Self: Benjamin Franklin, Henry Adams*, Princeton University Press, 1964, p. 34.

② 本杰明·富兰克林：《本杰明·富兰克林自传》，李自修译，人民文学出版社，2005年，第68页。

③ 本杰明·富兰克林：《富兰克林文集——经济、社会、人生》，张星等译，西南财经大学出版社，1997年，第265页。

自己，不至于受到狡诈小人的胁迫而遭受损失，也许还可依靠固定客户，继续从事可以获取利润的生意，等到儿子成年能够接手业务时，就能依靠这一长期优势继续经营，使家境富足起来”。① 可见，在富兰克林看来，音乐、舞蹈等我们所谓的高雅艺术与能带来切实利益的会计知识相比，显得不值一提，而教育在这里体现出来的作用仅仅是帮助她未来获得实际的利益。1749 年，本杰明・富兰克林在宾夕法尼亚州起草了“关于青年教育的建议”，在这份建议里，富兰克林希望年轻的学生为了实用的目的而去获得知识，他一点也不关心如何将年轻人培养为社会精英或知识精英。在富兰克林创办的学校里，博学是没有它的位置的，一切学习都是为了获得实用的知识和技能，是用来解决具体、实际的问题：“至于他们应该要学的东西，最好是教给他们每一样有用的、具有修饰美化作用的技能。学习艺术所要耗费的时间太长，而他们学习时间有限。因此我建议，他们只学习那些最有用的东西。”“所有学生应该学会写一手又好又快的字，这对他们所有人都有用。还可以通过临摹学习一些绘画技能，了解一些透视法的基本原理。”②事实上，在这篇不足六页的建议里，富兰克林一共提到过九次“有用(useful/usefulness)”这个词，其对教育实用主义的强调可见一斑。这与反智主义者对待教育的态度不无相似之处。“教育的功能是灌输给学生有用的技能，扩大他们在社会上获得的机会，这一点是清楚的；而它是否有培养知识分子的头脑、想象力以及思考的乐趣，这一点相对就不那么清晰了，也不符合公众的一致想法。”③在富兰克林所写的这个建议书里，所表达的对纯粹智慧、真理、思考的不在意已经相当明显，可依然有人企图为富兰克林

① 本杰明・富兰克林：《本杰明・富兰克林自传》，李自修译，人民文学出版社，2005 年，第 106 页。

② Benjamin Franklin: *The Journal of General Education*, Vol. 28, No. 3, p. p. 256-261.

③ Richard Hofstadter: *Anti-Intellectualism in American Life*, Alfred A. Knopf, Inc., 1963, p. 309.

"平反"，认为在这个建议里，他并没有反对艺术、科学等，只是推迟这种教育，希望学生有了学习的渴望后在未来会自主地去追求更高的真理和智慧。大学是学习圣地、纯净的象牙塔，是青年在最适合学习的年龄所浸泡的地方，在天时地利人和时不让他们接触艺术、哲学等，只教给他们最实际的谋生技能，却期望他们大学毕业进入物质的社会后，有一天会幡然醒悟追求真理。这样的说法未免太过牵强，无法让人信服。在最关键的学习阶段坚决不提倡学生接触艺术、哲学等，这就已经是对智识的十足轻视。

实用主义舍弃了传统哲学家们的许多思考习惯，反对抽象，支持具体；赞成经验主义，反对唯理主义；看重事实、行为，轻视固定的原则和他们所谓的"假冒的最后真理"。与自然神论者一样，实用主义者舍弃权威，打破旧传统，摒弃抽象、真理。这同样使他们带上了反智主义的倾向。实用主义哲学的代表人物威廉·詹姆斯更直接地说道："它常注重各个事项，与唯名论相同；它最重视实用上的状况，和功利论又符合；至于它鄙弃字面的解决，无用的问题，玄学的抽象区别，与实证论又更契合。你看这些学说，都同是一个'反对唯智主义'的趋向"。① 由此可见实用主义与反智主义有着千丝万缕的联系。前面已经提到，反智主义对美国教育的影响由来已久，从公共教育系统建立以来，美国人始终认为"教科书的首要价值体现在它带给实际生活的用处上""美国大学被得意地塑造成一个影响学生个性、灌输健全原则的地方，而不是追求真理的地方"②。这些也完全和实用主义关注最终事物、效果、后果和事实而非最先的事物、原则、假设和抽象理论的态度吻合。

霍夫斯塔特在描述 20 世纪 50 年代反智主义盛行时期人们对教育的看法时说，"公众最大的热情似乎是希望(教育)可以产出更多的人造卫

① 威廉·詹姆斯:《实用主义》，孟宪承译，华东师范大学出版社，2010 年，第 25 页。

② Richard Hofstadter: *Anti-Intellectualism in American Life*, Alfred A. Knopf, Inc., 1963, p. 306.

星，而不是培养出知识分子本身”①。反智主义者除了看不起知识分子，对他们所创作出的文学作品、艺术作品等同样不屑一顾，对那些教科书编订者来说，当提到有所成就的艺术家或者文学家时，他们想要灌输给学生的是这些“成功人士”在奋斗的道路上所体现出来的勤奋刻苦的美德，而不是强调作品本身所表达的内涵。这些都与富兰克林所推崇的教育学生用勤奋的精神学习实用的技能，再以此获得实际的名或利的实用主义教育本质是一模一样的，足见富兰克林在教育理念上也具有反智主义的倾向。

在文学造诣上，富兰克林勤于阅读，从实用的英语语法书到班扬、笛福等作家的文学作品，从航海到几何，可谓天文地理无所不读。在《自传》中他不止一次提到自己多么热爱阅读，即使在穷困潦倒之际也依然省下钱来买书。而他最看重的却并不是里面的抽象思维，而是最实在的词汇和语言。“我挑出几篇来，用简短的提示写出每句话的意思，把它们放一边去。再过上几天，再试着不看原书用自己想得起来的恰当字眼，把提示的大意表示出来，尽量按原来的措辞充分展开，重新还原那些文章。接着，我用《旁观者》里的原文加以对照，如有错误，便逐一修订。结果我发现，自己缺乏词汇的储备，或者说不能得心应手地驾驭词汇和语言。”②这就是富兰克林为拥有更好的语言能力而使用的方法。除了词汇，富兰克林对辩论也非常感兴趣。“这种辩论术迷住了我，我于是放弃了生硬的反驳和言之凿凿的论证，而采取了这种辩论方法，争辩时，还佯装出一副谦卑的样子进行质询。……我发现，运用这种方法，对于自己来说最为保险可靠，而对于跟我辩论的人来说，这却叫他们不无尴尬。我对此感到十分得意，时常练习运用，成了引导人们做出让步的行家里手，即便是学识渊博的人也会这样。因为，他们事先

① Richard Hofstadter：*Anti-Intellectualism in American Life*，Alfred A. Knopf，Inc.，1963，p. 5.

② 本杰明·富兰克林：《本杰明·富兰克林自传》，李自修译，人民文学出版社，2005 年，第 21 页。

预料不到竟是这样的结局，以致陷入重重困境无法解脱。”①可见富兰克林在辩论上下足了工夫，他看重的是如何赢得对手，而不在乎“言之凿凿的论证”。除了丰富的词汇的和巧妙的辩论技巧，他确实也涉猎了很多其他的文学领域，例如散文写作等。可对于真正全身心致力于文学追求，富兰克林却极其不赞成，有些朋友致力于写诗，他却不以为然，评论道：“就我来说，我同意的只是偶尔写诗可以愉悦身心，提高驾驭语言的能力，除此以外，并没有更多的作用。”不仅自己不爱好写诗，他还劝阻那些对写诗有着满腔热血的朋友：“我也间或给他回信，但总是想方设法劝阻他不必再写。当时恰巧出版了杨的一首讽刺诗，我给他抄写了大部分，因为那首诗明显在于说明，追逐诗神缪斯是十分愚蠢的。”②由此可见，在文学上，富兰克林依然是个实用主义者。在他看来，诗歌唯一的功用便是提高语言能力，其他的美学或者艺术上的魅力完全可以忽略不计，甚至根本就没有。这与教育理念上的实用主义一样，使富兰克林在文学观上也带有了反智主义的倾向。

通过以上分析，我们可以更加深入地了解到本杰明·富兰克林，这位美国开国先哲、资本主义精神的完美代表，在宗教、教育理念以及文学观上或多或少带有的反智主义倾向。这种倾向其实归根结底都是由他的实用主义态度造成的：他怀疑传统宗教的对现实“没用”的抽象教条，不提倡学习实用技能以外的课程，贬低诗歌这类对生计没有直接帮助的文学形式。他高举实用主义的大旗，反对任何与现实名利无关的知识，轻视更高的真理与智慧，不提倡任何与现实脱离的抽象思考和想象，处处透露着反智主义的倾向。

① 本杰明·富兰克林：《本杰明·富兰克林自传》，李自修译，人民文学出版社，2005年，第23页。

② 本杰明·富兰克林：《本杰明·富兰克林自传》，李自修译，人民文学出版社，2005年，第54页。

第三章　霍桑的知识分子和科学家形象及其反智主义倾向①

在短篇小说《海德格医生的实验》(1837 年)、《胎记》(1843)和《拉帕奇尼的女儿》(1844)中，霍桑塑造了几个科学家的形象。其长篇小说《红字》(1850)又成功塑造了一个家喻户晓的反面知识分子形象。这一系列的知识分子或者科学家形象的塑造，都有其共同之处，都间接反映了霍桑对待科学和知识的立场和看法。

(一)

霍桑的短篇小说《海德格医生的实验》于 1837 年首次匿名出版，同年收录在《故事重述》故事集里出版。该小说讲述的是海德格医生发现了能使人返老还童的“青春泉水”，邀请四位年老朋友来实验室做实验的故事。小说虽然荒诞不经，却明确表明了霍桑对当时正在兴起的科学的谨慎态度。

小说的主人公海德格医生是科学的化身，是个有学问的人，书房里收藏着成堆的古代手稿，但书房的昏暗和怪异的装饰散发出诡异的气息：

> 这屋子阴暗破旧，蛛网垂垂，灰尘厚厚。顺着墙壁摆着几个橡

① 本章发表在《长江学术》2010 年第 1 期上，收录时略有修改。

木书橱，底层塞满巨大的对开本与黑体字的四开本，上层是羊皮纸封面的十二开本。中间的书橱上摆一尊希波克拉底的铜像，据可靠消息，海德格医生每遇疑难病症就向这位医家鼻祖讨教。屋子最阴暗的角落，立着一只又高又窄的橡木柜，柜门虚掩，里头多半是具骷髅。其中两只书橱之间挂着块镜子，高大的镜面盖满灰尘，镜框的镀金已经褪色。与这镜子相关的奇谈之一是，被海德格医生治死的病人亡魂就住在镜子里，只要他朝镜子瞧一眼，亡魂们就对他怒目而视。房间对面装饰着一幅全身画像，画中人是位年轻女郎；浑身绫罗绸缎，容颜与那身华服一样日久褪色。①

海德格医生远离尘世，远离朋友，只一心沉浸在他的实验当中，他的实验无非是“在气泵里杀死一只耗子，或用显微镜仔细观察一张蛛网之类胡闹之举”②。

随着故事的展开，我们逐渐发现海德格医生对知识的渴望胜过一切。在给四位朋友喝了青春泉水后，他立即变成了冷漠的旁观者，用“哲学家的冷静”看着自己的朋友变年轻，为了争夺同样变得年轻漂亮的寡妇威彻利的欢心而争风吃醋，甚至大打出手。直到他们损坏了家具，海德格医生才出面干预。

青春泉水的效力是短暂的，四位朋友又恢复原貌，重新变老，但因此激起了他们寻找所谓长生不老泉水的无望而愚蠢的热情，他们注定要陷入失望和羞愧的境地。这一情节说明，为了知识和科学，海德格医生已经抛弃了朋友间正常的情谊，偏离了人正常的伦理逻辑。通过这个故事，霍桑提醒了人们要谨慎，以及无节制的科学热情可能带来的危险。

小说提到海德格医生经常查阅一本黑色书籍，这本书进一步暗示了霍桑对科学的谨慎态度。那是一部笨重硕大的对开本书籍，黑皮装帧，

---

① Hawthorne：*Young Goodman Brown and Other Tales*，Oxford University Press Inc.，1998，p. 100.

② 同上，p. 101。

有巨大的银搭扣。封面无字，无人知晓此书标题，医生的朋友都知道那是一本危险的魔书，它是医生书房中的"怪中怪"（greatest curiosity）。一朵珍藏在魔书里五十五年的枯萎玫瑰被丢进盛有青春泉水的花瓶里后马上变成一朵含苞欲放的玫瑰，玫瑰复活是科学与魔力的共同作用的结果，魔书是科学与魔力的象征。通过描写，霍桑给这部书披上了一种神秘、恐惧的面纱，赋予它超自然的魔力，借以展示科学本身所具有的神秘和危险：

> 有一回，女仆抬起它来，不过想刷刷灰尘，木柜里的骷髅便格格乱响，画中女郎也抬起一只脚走下地板，大镜子里探出好几张鬼脸，而希波克拉底的铜像则眉头一皱，斥道："别动！"①

很显然，通过对海德格医生的刻画以及对黑色魔书的象征性描写，我们可以看到霍桑对待科学的审慎态度。在小说的其他地方，"黑色"的象征意义也十分明显。医生的书房有个小圆桌，"黑如乌木"；他的那本"魔书"被黑色的皮革包裹着，书中是"印满黑字体的书页"。霍桑常用"黑色"来象征神秘、邪恶和死亡，比如他的短篇小说《牧师的黑面纱》中牧师所戴的黑色面纱，《红字》中的"黑衣人"以及"年轻的古德曼·布朗"中的"黑色弥撒"，等等。

（二）

霍桑的短篇小说《胎记》于1843年首次发表，这是一个关于痴迷完美的故事。作家又一次向读者展现了一个具有象征意义的科学家原型——阿尔默，通过这个人物，霍桑进一步表达了他对科学的态度：对

① Hawthorne: *Young Goodman Brown and Other Tales*, Oxford University Press Inc., 1998, p. 159.

科学的迷恋是危险的，对科学的胡作非为应该被禁止。

阿尔默是“各门自然科学中都享有盛名的科学家”，他精通他那个时代的几乎所有的知识和发现：

> 阿尔默……在大自然原动力方面做出了重要发现，使整个欧洲学术界钦佩不已。静坐于这个实验室中，面色苍白的科学家曾研究过最高云层与最深矿藏的秘密；查明了火山爆发与不断喷火的原因；解开了喷泉之谜，说明了为什么从黑暗的地心喷涌而出的火，有的纯净透明，有的富于医疗功效；同样在这里，他早期还研究过人类骨架的奥妙，试图彻底弄清自然母亲从大地与天空，以及精神世界汲取的所有精华，创造和养育她的杰作——人类——的过程。①

尽管他在“科学”上享有很高的声誉，他还是愿意放弃自己的实验室，和他的新婚妻子共创新的生活：

> ……感受到了强似任何化学亲和力的精神吸引力，就把实验室扔给助手照管，洗净被炉火熏黑的清俊面庞，洗去手上斑斑的酸液痕迹，去追一位美丽的女人，让她成为自己的妻子。②

但美中不足的是他妻子乔治亚娜脸颊上长了一个嫣红色的胎记，尽管很小，但在这位惯于追求完美的科学家看来，胎记破坏了美，他为此寝食不安，觉得这是“人类一大致命缺陷”，是“罪孽、悲伤、腐朽与死

---

① Hawthorne：*Young Goodman Brown and Other Tales*，Oxford University Press Inc.，1998，p. 180.

② 同上，p. 175。

亡的象征”。①

妻子的缺陷又使阿尔默重返科学实验室，他决心用科学的方法来去掉那块如梦魇般困扰他的胎记。他把妻子带到实验室，要替她去掉胎记。“跨入门槛时，乔治亚娜浑身发冷，抖个不停”②，随即昏厥过去。显然，阿尔默为之骄傲的实验室让乔治亚娜感到恐惧和迷惑，她并不属于那里，不属于科学。于是阿尔默使出所有手腕和能力来营造出一种魔幻般的气氛，来安抚妻子的恐惧。他所运用的科学手段只不过是催眠术以及其他玄奥、神秘的手段，所用的药水也类似于炼丹术的化土为金的药方，这些都是十足的伪科学。对自己的科学的自信以及对完美的追求，蒙蔽了阿尔默的双眼，他无视妻子的处境和需求，一意孤行，结果要了妻子的命。

阿尔默执意通过“科学方法”消除妻子脸上胎记的偏执，使读者认识到阿尔默的真实本性，他爱他所谓的科学胜过爱自己的妻子，尽管一开始他发誓要放弃科学而选择爱情和婚姻。小说结尾，霍桑通过第三人称叙述者对阿尔默的无能及其缺少更深层次的智慧进行了评论：“倘若阿尔默拥有更深刻的智慧，就无须这样抛弃自己的幸福，这幸福本可以将他那性质完全相同的尘世生活与天国生活交织融汇起来。”③至此，读者也可以清晰地领悟到霍桑对待科学的态度：他谴责伪科学无视人的价值和道德价值；科学不仅应该能够治愈肉体的疾病，也应该医治道德的疾病。同时，霍桑也指出，人类能够战胜自然和自然之神的想法是荒谬的，自然永远凌驾于人类之上，破坏自然的本来秩序和和谐注定是危险的，要遭到世人的唾骂。

像《海德格医生的实验》一样，《胎记》通过对阿尔默实验室的气氛渲染来表达作家对科学的谨慎和怀疑的态度。实验室是阿尔默的科学发

---

① Hawthorne: *Young Goodman Brown and Other Tales*, Oxford University Press Inc., 1998, p. 177.

② 同上，p. 181。

③ 同上，p. 192。

现之源，但对他的妻子和读者而言，它成了名副其实的通向地狱烈火的门户：

> 它烧得热气腾腾，高温蒸人。炉内烈火熊熊，发着通红的光焰。从炉上积聚的厚厚的烟垢来看，熔炉不停地燃烧着已有很长时间了。一台蒸馏器正在流出液体。屋子的四周摆满了曲颈甑、试管、量筒、坩埚等化学实验的仪器。一架电机放在一旁以备随时使用。屋里闷热得难以忍受。化学作用释放出的气体，使空气变得更加恶浊。①

显然，尽管霍桑对阿尔默的科学发现充满了敬畏，但他对取得科学发现的手段和场所感到沮丧和难以接受。

（三）

霍桑对无节制科学发现的憎恨在科幻短篇小说《拉帕奇尼的女儿》中得到了深刻的体现。拉帕奇尼是一位知名的意大利医生，是科学的化身，但霍桑对他以及类似的人物是深恶痛绝的。对拉帕奇尼医生的描写即是证明，寥寥数笔，拉帕奇尼医生的冷漠和病态跃然纸上：

> 此人很快就映入眼帘，看样子绝非普通园丁，却是位身材颀长，形容憔悴，几分病态，身穿黑色学者长袍的人。他人过中年，头发灰白，下颏上灰白胡须稀稀朗朗，眉目间充满超人智慧与修养。然而这张脸即便风华正茂，也绝不会显露多少内心热情。②

① Hawthorne：*Young Goodman Brown and Other Tales*，Oxford University Press Inc.，1998，p. 187.

② Nathaniel Hawthorne：*Rappaccinni's Daughter*，Kessinger Publishing，LLC，2004，p. 3.

在这篇小说里，霍桑没有选择书房或实验室，而是通过一座花园来表达对科学被滥用的担忧和恐惧。拉帕奇尼的花园是美丽的，充满着魔幻、神秘的气氛，满园植物姹紫嫣红，令人陶醉：

> 泉水落入的水池周围遍生五花八门的植物，巨大的叶片需要大量的水分。有些植物盛开着娇美的花朵，尤其是一株灌木，长在水池中央的一只大理石花盆里，紫色的鲜花挂满枝头，朵朵宝石般亮丽光鲜。整丛树绚烂多彩，仿佛无须阳光也能照亮花园。每一寸土地都生长着花木药草，虽不及那丛灌木娇艳，也全透着种花人的辛勤培育。①

但这些美丽植物不是普通的花草，而是拉帕奇尼医生的试验品，具有神奇的毒素，它们向空气中散发有毒的气体，每日都分泌出致命的油液。园子美丽的外表下面隐藏着危险，外表和内在的不一致使花园给人一种扭曲、荒诞的印象。

拉帕奇尼利用科学从事邪恶、非道德的行为，他关心的是科学而不是人，他将自己的女儿囚禁在有毒的花园中，让她浸淫在毒气中而成为一个有毒的人，无法像普通人一样享受美好的爱情和幸福，最终成了科学实验的牺牲品。小说没有直接指出拉帕奇尼医生是个什么样的人，但读者从作者的间接叙述中可以了解到他是个抛弃亲情、没有道德、残忍的人。

（四）

在这三篇短篇小说中，霍桑塑造了几个科学家的悲剧形象，他们给

① Nathaniel Hawthorne：*Rappaccinni's Daughter*，Kessinger Publishing，LLC，2004，p. 2.

朋友、亲人都带来灾难。通过对这些科学家悲剧形象的塑造，霍桑表达了自己对科学和科学研究的基本看法和立场，科学的应用如果不是为人以及人的道德服务，那么它将是危险的，具有破坏力。霍桑对知识和科学的否定态度，在他的代表作《红字》中得到进一步的深刻体现。在这部长篇小说里，他塑造了一个集种种邪恶于一身的知识分子形象，以此来表达对知识和知识分子的看法。

《红字》中的罗杰·齐灵沃斯是邪恶的“撒旦”，小说中关于齐灵沃斯的描写经常让读者联想起撒旦。他第一次认出站在绞刑架下面的赫斯特·普林时，“他的面容因恐惧而扭结，如同一条蛇在急速游动，只需短暂的停歇，那扭曲可怖的神态便清晰可见。”①这段描写让人想起了伊甸园里的蛇。而当牧师最终发现迪梅斯戴尔正是他寻找的复仇对象时，他欣喜若狂。“要是一个人看见老罗杰·齐灵沃斯刹那间欣喜若狂的样子，他再也用不着追问撒旦看见一个人的宝贵灵魂从天国堕落，会有什么样的表现。”(125)

霍桑也从小说其他人物的视角去展现他邪恶的面目：普林的女儿珍珠有洞察一切的能力，她最先将齐灵沃斯和魔王撒旦联系起来，而在普林的想象中，她怀疑他是一个以蝙蝠的形式出现的撒旦式人物：“他会展开蝙蝠般的翅膀飞去，向天空飞得越高看上去越丑陋吗?”(160)

另外，齐灵沃斯的名字和外貌描写也不断地暗示着他内心的邪恶。

像红字“A”被赋予不同象征含义一样，“齐灵沃斯”(Chillingworth)这个名字也具有象征意义。在英语中，chilling 具有“寒冷的；冷漠的；使人恐惧的；令人寒心的”等意义，而 worth 表示“值得……的”。合起来，Chillingworth 是“具有冷漠、令人恐惧的品质”的意思，从而暗示齐灵沃斯是个邪恶的人。

关于齐灵沃斯畸形外貌的描写具有极强的情感色彩，给读者强烈的

---

① Nathaniel Hawthorne：*The Scarlet Letter*，Dover Publication，Inc.，1994，p. 53. 以下译文都是出自这个版本。

暗示。畸形的肩膀、怪异的外表折射出他扭曲的灵魂。齐灵沃斯第一次出场的时候，“穿着一身文不文野不野的奇怪服装”“肩膀一边比另一边高”，周身都透露出“怪异之处”(53)。在霍桑看来，这种怪异源于齐灵沃斯的知识和智力。“智力上的高度发展不可能不引起形体上的变化，从而在外表上具备了显著的特征。”(53)知识和智力使人外形扭曲、怪异，这就是霍桑的逻辑，其中的意味令人回味。

但是齐灵沃斯邪恶本性是一步一步展现出来的，他从一个具有冰冷智识和老迈身躯的知识分子转变为“撒旦”的过程是从第三章“认出”开始，并逐渐完成的。霍桑运用他敏锐的观察力和洞察力以及细微深入的心理描写和分析一步一步展示罗杰·齐灵沃斯的转变过程。

一开始，齐灵沃斯只是冰冷智识和老迈身躯的结合体。在欧洲的时候，他是一位学者，来到美国则以医生的身份出现。在普林的记忆里，甚至在他们结婚那阵子，齐灵沃斯就是个老迈的、一心扑在书上的人：他“是一个年老力衰的男人，面容苍白而瘦削，看上去一副学者模样，由于在灯光下研读一册册长篇巨著而老眼昏花”。但是，“正是这同一双昏花的老眼，在一心窥探他人的灵魂时，又具有那么奇特的洞察力”(51)。普林被迫示众后，齐灵沃斯在监狱见到了她。齐灵沃斯这样描述自己：“我——一个有头脑的人——一个博览群书的蛀书虫——一个已经老朽的人，已经把我的大好年华都用来充实我对知识的饥渴之梦了”(65)。七年之后，当齐灵沃斯回顾自己和普林的那段婚姻生活的时候，他说，“即使在那时，我也到了垂暮之秋，而且还不是初秋。但我的全部生活都是由真诚、勤学、沉思和宁静的岁月所构成的，我忠实地将其奉献在为自己增加知识上……虽说你可能认为我冷酷无情，难道我不是为他人着想，很少替自己打算吗？——就算我不是温情脉脉，难道我不是善良、真诚、正直，对爱情始终不渝的人吗？”(157)尽管他极力美化自己，但言辞之中，读者看到了他的冷酷和老迈。

随着故事的展开，齐灵沃斯通过自己的行为逐渐展现出其内心邪恶的本性。得知妻子背叛自己后，他整个的人生乐趣就是复仇，他有意要去摧毁别人，而不是纠正其所犯的错误，不是去寻求正义和公平，他是“靠着最极端复仇的永恒毒液而生存下来的”(156)。他利用医生的身份，待在牧师迪梅斯戴尔的身边，对他实施邪恶的复仇计划。“你跟踪着他那沉重的脚步。你无论睡着醒着都守在他的身旁。你搜寻着他的思想。你挖掘并折磨他的心灵！你玩弄他于你的股掌之间，让他整日里备受死去活来之苦。”(155)

仇恨腐蚀着他的心灵，也改变了他本来丑陋的容颜：

> 虽然可以看出他年事已高的痕迹，但就他的年纪而论，仍有坚韧的精力和机敏，然而，她原来印象最深的是他先前那种聪慧好学的品格，那种平和安详的风度，如今已经踪影皆无，取而代之的是一种急切窥测的神色，近乎疯狂而又竭力掩饰。他似乎有意用微笑来遮掩，但那种微笑却暴露出他的虚伪，在他脸上时隐时现，似是在捉弄他，使旁人愈发清楚地看出他的阴险。他的眼睛中还不时闪出阵阵红光；像是那老人的灵魂正在燃烧，却憋在胸中装着，只是偶尔不小心受到激情的鼓吹，才喷出瞬间的火焰。而他则尽快地将这火焰压下去，竭力装出一副没发生过这种事的样子。(154)

在霍桑眼中，齐灵沃斯从一个受害者转变为恶魔，是他本人的智能受魔鬼驱使的必然结果：

> 总之，老罗杰·齐灵沃斯是一个显而易见的实例，证明人只要甘心从事魔鬼的勾当，经过相当一段时间，就可以靠他本人的能力将自己变成魔鬼。这个闷闷不乐的人之所以发生了这一变化，就是由于他在七年的时间里全力以赴地剖析一颗充满痛苦的心灵并从中取乐，甚至还要对他正剖析并观察着的剧烈痛苦幸灾乐祸地火上浇油。(116)

像在上面提到的三部短篇小说里一样，霍桑提供了一个读者窥见齐灵沃斯阴暗灵魂的窗口，那就是他的实验室兼书房。他的实验室极其简陋，在一位现代科学家看来，连勉强齐备都称不上，只有蒸馏釜及一些配药和化验的设备。但齐灵沃斯这位熟练的炼丹术士深知如何利用它们，这些是他实施邪恶计划的道具。齐灵沃斯仿佛一个蛰伏在洞穴里潜心修炼的妖魔一样，在这间实验室里变得愈发丑陋和邪恶，因为在霍桑看来，齐灵沃斯实验室中的火来自下界，是用炼狱的柴薪来燃烧的，他的面孔被那烟熏得越来越黑了。

（五）

从短篇小说《海德格医生的实验》开始，霍桑着手探讨了19世纪中晚期在美国蓬勃兴起的科学问题，提醒读者警惕不加限制的科学可能带来的危险。在接下来的短篇小说《胎记》(1843)和《拉帕奇尼的女儿》(1844)中，霍桑重复了这一主题。霍桑对科学的怀疑逐渐转变为对智识和知识分子的怀疑和否定，这集中体现在他的代表作《红字》(1850)中对罗杰·齐灵沃斯的人物塑造上。通过分析霍桑的这几部作品，我们似乎可以看出，他对知识和科学抱着一种否定和批评的态度，有明显的反智主义倾向。

霍桑的反智主义倾向是美国历史悠久的反智传统的一个有机部分。霍桑通过对反面知识分子或科学家形象的塑造，表达了他对19世纪美国所出现的社会和文化问题的直接反应。19世纪的美国对科学和技术产生了浓厚的兴趣，但是当时的科学还不是真正意义上的科学，是一种“伪科学”。这些“伪科学”的进步和发展直接带动了其他一些所谓知识体系的产生，比如颅相学、心理描述法、水疗法、顺势疗法，等等。霍桑担忧这些“伪科学”和“伪知识”并不能真正造福于人类，相反会扰乱上帝所赋予的世界秩序，给人类造成灾难。

因此，霍桑的反智主义思想既是美国建国初期的实用主义风尚潜移默化影响的结果，也是他对19世纪兴起的“伪科学”潮流的直接反应。

第四章　论马克·吐温的反智主义倾向[①]

马克·吐温并没有公开宣称鄙视智识和知识分子，但是他轻视任何非实用目的的教育，瞧不起需要专业训练的医生，蔑视欧洲古老的艺术，这无不显示了他自己并没有意识到的反智主义倾向。

一、关于教育

马克·吐温的教育观似乎是矛盾的：一方面他通过小说人物塑造来表明人的成长是不关乎学校教育的，是在逃离文明教化的过程中实现的；另一方面，他又肯定学校教育在培育文明社会中的作用。这种矛盾性是表面的，本质上，马克·吐温追求的教育是一种接触社会、了解社会、适应社会的实用主义教育，它可以是自发的、无意识的，像哈克贝利·费恩的成长教育那样；也可以是有组织、有意识的，像《亚瑟王朝中的康涅狄格美国佬》中主人公汉克·摩根所推行的职业教育。如果说前者具有反智倾向，后者则具有反智加独裁的倾向。

马克·吐温的代表作《哈克贝利·费恩历险记》②可以从不同的视角来解读，拒斥教育和教化、追求自由、逃离文明社会是其中重要主题之一。哈克被寡妇道格拉斯收养，后者竭尽全力要把哈克培养成有教养的基督徒，但哈克无法接受这种有规律的沉闷生活。“一直生活在房子

① 本章发表在《长江学术》2012 年第 3 期上，收录时略有修改。

② Mark Twain：*The Adventures of Huckleberry Finn*，Penguin Books，1994. 本章所引用的《哈克贝利·费恩历险记》的引文皆译自该版本。

里是一件艰难的事情，你知道寡妇向来就是个沉闷、按部就班、讲究体面的人。当我无法忍受的时候，我就逃出去。我又穿上破衣衫，带着糖罐，既自由又心满意足”(11)。

哈克的爸爸是个酒鬼，是白人垃圾。哈克尽管不喜欢他，但正是因为他，哈克才逃离了道格拉斯寡妇，逃离了学校。在后来的叙述中，哈克多次提到爸爸，说爸爸教会他如何如何，可见爸爸对他是有影响的。爸爸的一番关于教育的言论，哈克肯定是认同的。“你别跟我顶嘴。自从我走后，你一举一动花哨了不少。我非得刹一刹你的威风，不然我就和你没完。他们说，你还上学了，会读会写了。你是不是觉得你比你父亲强了，因为他不会？我得好好治治你。谁告诉你可以去掺和这种上等人干的蠢事儿，嗯？——谁告诉你可以？”(27-28)

马克·吐温的童年虽然不及哈克那样富有传奇色彩，但是对待学校教育他和哈克的看法应该是一致的：童年的快乐不在于学习，而在于接触自然和社会。在《自传》中，马克·吐温这样描述了他上学的情形：“乡村校舍距我叔叔的农场三英里，坐落于树林中的一片空地上，可容纳二十五个男孩和女孩。我们上课大致是有规律的，每周一两次。夏日凉爽的早晨，我们沿着森林边的小道步行上学，夜幕降临时放学回家。所有的学生用篮子带午饭，有玉米饽饽、黄油牛奶和其他一些东西，大家正午时分坐在树荫底下吃。回顾往事的时候，我觉得这是我的教育当中最令人满意的一部分”。① 显然，马克·吐温满意的不是学校里的课堂教育，而是上学路上的风景以及和小朋友在一起的快乐。

马克·吐温曾说过，“我不会让上学读书来干扰我的教育”。在他的眼里，上学是一回事，接受教育是另一回事。前者是课本知识，后者就是参与社会，在社会中成长。这种教育观、成长观明确地体现在哈克这个人物身上。《哈克贝利·费恩历险记》也被看作一部成长小说，记

① Mark Twain: *Autobiography of Mark Twain*, Vol. 1, Harriet Elinor Smith (ed.), University of California Press, 1997, p. 217.

录哈克的成长经历，但哈克的成长不是在家庭和学生教育中完成的，而是在不断逃离家庭和学校、逃离文明的教化，和不同社会阶层的人接触过程中完成的。哈克的成长并没有让他接受所谓的文明社会，而是让他更坚定地逃离它。在小说最后，哈克又准备继续逃离。“我得比其他的人先走一步，先到‘领地’去，这是因为萨莉阿姨要收养我，要教我学文明规矩，这可是我受不了的。我先前经受过一回啦。”(281)

但是，马克·吐温也不是无条件地反对学校教育，他甚至是赞成“公共教育”的。1900 年 10 月 23 日，在美国“公共教育协会”在纽约举行的一次会议上，马克·吐温应邀发表演讲。他说：“我们相信从公共教育中诞生伟大的国家”。① 他引用小时候的一件事情来说明这个观点。镇里有人提议撤销公共学校，因为它们太过昂贵。一位老农夫站出来反对，说停办公共学校并不能节省开支，因为每关闭一所学校就要新建一座监狱。

在另一次演讲中，马克·吐温对公共教育应该是一种什么样的教育进行了说明，公共教育不是灌输知识的教育，而是培养良好公民的公民教育。1908 年 5 月 14 日晚，纽约市立大学同学会举行宴会，庆祝新教学楼落成，马克·吐温应邀做演讲。他说他赞同公民教育高于一切(包括学术)的观点，他批评美国大学中并不存在良好的公民教育，有的是打着爱国主义旗号的糟糕的公民教育、疯狂的公民教育和拙劣的公民教育。他还提议在大学设立公民教育教授席位，将公民教育置于数学和文学之上。②

所谓公民教育就是关于公民权利和义务的教育，通过教育使国民熟悉自己作为公民应该遵守的义务和享受的权利，使公民获得在社会中生存并互相协助的能力。因此，在马克·吐温看来，学会做一个负责的公民，培养在社会中生存的能力比纯粹的学术重要，这是实用主义的教育

① Mark Twain: *Mark Twain's Speeches*, Harper and Brothers, 1910, p. 146.

② Mark Twain: *Mark Twain's Speeches*, Harper and Brothers, 1910, p. 147.

观，是具有反智倾向的。

马克·吐温的小说《亚瑟王朝中的康涅狄格美国佬》比较典型地反映了他的这种实用主义教育观。这是一部“时间穿越”小说，主人公汉克·摩根是生活在19世纪的美国人，头部受伤后穿越到中世纪亚瑟王的时代。汉克·摩根是个实干家，具有精明的生意头脑，他懂得19世纪各种产业门类的技巧，具有丰富的实践经验。他决心改变亚瑟王时代的愚昧和落后的状态，为实现这一宏伟目标，他依靠的是教育。他说，“教育是个伟大的东西”①，认为训练和教育是形成文明社会的必须手段。

汉克·摩根为了实施自己雄心勃勃的文明开化计划，建立了多层次的教育体制：育儿所、教师工厂、星期天学校、西点军校和海军学院。

“育儿所”专门来培训熟练手工业者和从事各类产业的专门人才，其目的是“把一帮无知的人变成专家”(80)。“育儿所”建在乡下的偏僻地方，任何人若没有特别许可证是不能靠近的，“因为我害怕教会”(80)。关于“教师工厂”和“星期天学校”，作者没有具体谈到它们的教学目的，但可以推断，其作为汉克·摩根雄心勃勃的社会改造计划的一部分，前者的职责是培养师资，后者是对成年人进行专业技能的培训。汉克·摩根西点军校和海军学院都是秘密创办的，是他的得意之作。关于军校的职责，我们可以从作者的话中做出推测。“我派遣秘密特工在全国各地游荡，他们的职责是在不知不觉中破坏骑士制度，一点一点地侵蚀它以及其他形式的迷信，一步一步地为建立新的社会秩序做准备。”(83)有理由相信，培养秘密特工是军校的职责范围。

在实施文明开化的计划过程中，汉克·摩根崇尚绝对的权力，认为绝对的权力应该掌握在可靠的人手中，否则就“意味着人类自由的死亡

① Mark Twain: *A Connecticut Yankee in King Arthur's Court*, Plain Label Books, 1923, p. 251. 本节中所引用的《亚瑟王朝中的康涅狄格美国佬》的其他引文皆译自该版本。

和人类思想的瘫痪”(81)。尽管表面上看，摩根是在追求民主，为所有百姓谋求幸福的生活，但是一旦有机会，他很乐意去攫取独裁的权力。他可以随意决定别人的生死，这也说明他是个十足的伪善者：表面上他致力于推行民主、启迪民众，但实际上他是个随心所欲的独裁者，将人类社会看作“一场竞技赛跑，获奖者拥有对失败者的权力，即当老板”。在小说的第二章，汉克·摩根说的一段话也印证了这一点。“我下决心做两件事情：如果现在依然是19世纪，而我置身于一帮疯子中间，不能脱身，那么我会立即掌管那个疯人院或者弄清楚原因；另一方面，如果真的是六世纪，我会在三个月内掌管整个国家。”(21)

毫无疑义，汉克·摩根的教育是实用主义的，是为他的强权政治服务的，他具有反智和独裁双重倾向。

对于《亚瑟王朝中的康涅狄格美国佬》，一般认为它讽刺骑士传统的浪漫化观念，批评英国作家司各特将中世纪理想化。马克·吐温不喜欢司各特，不喜欢19世纪英国文学是公认的事实。① 但也有人认为，马克·吐温在这部小说了表达一个模棱两可的态度，一方面他“热烈拥抱商业工业主义的价值”，一方面又“更加鄙视、嫌弃它们”，因为他担忧“人类的恶行和轻信会战胜机械进步”。但是，正如霍夫施塔特所指出的那样，“在整个故事的相互矛盾的冲突中，康涅狄格美国佬拥有种种优势，他依靠蒸汽能和电力所赋予的权力建立了一个仁慈的独裁体制”，他“享有道德和精神上的优越感，应该获得我们的同情”。② 霍夫施塔特的分析是准确的，尽管康涅狄格美国佬是反智、独裁的，但马克·吐温对他心存同情，多少也能反映出马克·吐温的基本价值判断。

---

① 参见维基百科词条“A Connecticut Yankee in King Arthur's Court”<https://en.wikipedia.org/wiki/A_Connecticut_Yankee_in_King_Arthur%27s_Court>。

② Richard Hofstadter: *Anti-Intellectualism in American Life*, Random House, 1966, p. 342.

二、医生

纵观马克·吐温的一生以及他的作品，可以得出这样的结论：他对待作为个体的医生是友善的，持积极的态度，但对于19世纪后半期美国以医生为代表的专业人士群体以及美国医疗体制是持批评的态度的。这既与作家个人生活经历有关，也和当时美国西部大开发的历史背景有关。

先看看马克·吐温作品中的医生。《哈克贝利·费恩历险记》中有两个笔墨较多的医生，一个是罗宾逊医生，一个是为受伤的汤姆·索亚看病的无名医生。他们虽然是无足轻重的小角色，但形象还是正面的。罗宾逊医生在第二十五章出场。"霍勃逊牧师和罗宾逊医生去镇子的另一头合演一曲拿手好戏去了，我的意思是说，医生正把一个病人打发到另一个世界，牧师充当指路人"(163)。马克·吐温用幽默的语气调侃了"救死扶伤"的医生，这是他对整个医生行业的评价，并非针对罗宾逊医生本人，因为在故事中，罗宾逊医生显然是正直和智慧的，他看穿了骗子们的勾当："你说话像个英国人——可真是么？学得这么糟的，我可还从没见过。你这个彼得·威尔克斯的兄弟啊。你是个骗子，这才是你的真面目！"(167)第二位医生没有姓名，是个"非常和蔼，样子友善的老人"(265)。他的可贵之处在于，当人们群情激昂，要私刑处死吉姆的时候，他诉说了吉姆的种种美德，能够公正地替吉姆说话。"先生们，这可不是一个坏的黑奴，这就是我对他的看法"(274)。

和在小说中表现正面医生形象不同的是，马克·吐温在不同场合下表达了对医生这个职业的同情和不屑。表现和原因如下。

第一，医生是冷漠、机械的，只是孤立、毫无感情地看待疾病。在《密西西比河上的生活》中，他这样评价医生这个职业："我从心底里同情医生。对医生来说，美人脸颊上迷人的红晕除了是某种致命病症的'征兆'，还有什么意义呢？所有外在的魅力对他而言，难道不是一种隐匿的颓败的标志与象征吗？他是否看到她的美丽？或者说，难道他不是用一种职业的眼光看她，且独自对她不健康的状态予以评价？他可曾怀疑自己在掌握了医生职业技能之后，是得到更多还是失去更多呢？”①在《傻子出国记》里，马克·吐温更有精辟的描述。“想象一下有这么一位外科医生，在身体这个复杂的机器上，用镊子夹起肌腱、肌肉以及诸如此类的东西，仔细端详观察：‘瞧，这根细细的神经颤动着——震动传导给这块肌肉，然后又传到这个纤维物质；在这儿，它的构成成分被血液的化学反应分隔开来——一部分流向心脏，使心脏震颤，我们大家熟知的感情就是这样产生的，另一部分沿着这条神经到达大脑，传达一种令人震惊的智慧，第三部分沿着这条通道滑动，触发和眼睛背后的液体容器相连接的机关。这样，通过这个简单而漂亮的过程，当事人被告知他的母亲去世了，于是他哭了。’”②在外科医生看来，人体不再是有血有肉有感觉的心灵的载体，而是一堆由肌肉、血管、神经构成的机器。马克·吐温对此的评价是“可怕”。

马克·吐温这种对医生的评价是有失公允的，这体现了他并不了解现代医学原理，否认现代解剖学在了解病因、寻求有效治疗方法上的意义，否认疾病和症状之间的内在联系，这与19世纪美国整体医疗水平是相吻合的。当时，医生并不了解病理学，医学界的一个普遍的看法是，人体不断和周围环境相互作用，人体只有自身以及和周围环境维持适当的平衡才能获得健康，疾病是和整个身体有关，而不是和某个部分或器官有关。因此，疾病很少被认为是某种具体原因导致的，疾病的治疗是全身性的。这就是19世纪所盛行的对抗疗法(allopathy)，它是“基于一套以情感、哲学、个人地位、希望、欲望以及不同文化因素为中心

① Mark Twain：*Life on the Mississippi*，Paperback Classics，2009，p. 69.

② Mark Twain：*Innocents Abroad*，Signet Classics，2007，p. 226. 本节中所引用的《傻子出国记》的其他引文皆译自该版本。

的信仰和期望体系的”①。在《汤姆·索亚的阴谋》中，马克·吐温这样描述了他心目中的好医生：“我们有一个好医生，他是一个勤勉的老派医生，不是无所事事等待疾病发生、然后再磨枪上阵的那种，而是提前着手，在你身上这儿放点血，那儿弄出个水疱，然后先给你喂一勺蓖麻油，再喂一勺放了芥末的热水，一下子将你全身调动起来，接着坐下来，脑子除了计划如何处理这个病例外心无旁骛。”②

第二，医生都是骗子，没有受到良好的训练，人们需要的时候他们却无能为力，成事不足败事有余。他说，“在所有的骗术中，医生的骗术是最奇怪、最愚蠢的。他们知道他们是骗子。他们已经取代那些占卜师的位置，因为后者做不到彼此注视而不笑出来”③。1908 年 8 月 12 日，马克·吐温在写给罗杰斯夫人的信中抱怨说，“我脑子有些问题，而那个医生却不甚了解……医生们的确知之甚少，却收费太高”④。这是马克·吐温去世前两年的言论，是他一生对医生看法的总结性结论，这和他经历的病痛和死亡有密切关系，是他对医生没能医治病痛的失望的真实反映。马克·吐温的父亲约翰·马歇尔·克莱门斯死于肺炎，年仅 49 岁；他的第一个儿子兰登 19 个月大的时候死于白喉；他最宠爱的大女儿奥利维亚·苏珊·克莱门斯 24 岁时死于脑膜炎，这对他打击巨大，一直没有从丧女的悲痛中走出来，从此结束了自己的作家生涯；他的妻子幼年体弱多病，成年后也一直病魔缠身，1904 年 59 岁时去世；他最小的女儿琼 15 岁时患癫痫病，病情一直不稳定，因无人能照看而被送到癫痫病医院，1909 年才回到马克·吐温身边，同年因心脏病发作淹死在浴池里，年仅 29 岁。

---

① K. Patrick Ober: *Mark Twain and Medicine: Any Mummery Will Cure*, University of Missouri Press, 2003, p. 31.

② 同上，p. 30。

③ 同上，p. 162。

④ Mark Twain: *The Letters of Mark Twain*, *Volume* 5&6, 1st World Library Society, 2004, p. 166.

第三，马克·吐温对医学教育深表怀疑。1902 年 9 月，马克·吐温在写给朋友亨利·罗杰斯的信中写道："在我看来，让一个学生在医学院待上四年仅仅学习如何猜测（并且还是错误的猜测）是种很愚蠢的想法。如果我病得要死，我希望你守在我的身边，别让医生过来，让我自然而然地死去。"①马克·吐温的这种看法和弟弟亨利的死有关系。亨利在轮船爆炸中受伤，在病床上躺了几天，情况有所好转，可在服用了实习医生给的大量止痛药后死去。马克·吐温一直怀疑是实习医生的过失造成了亨利的死亡。同时，马克·吐温认为医学教育使医生们丧失了欣赏生命奇迹的能力，摧毁了人们对生命的敬畏感和神秘感。②

三、艺术和文学

在《傻子出国记》中，有大量关于欧洲艺术和文学的描写和评论。关于艺术和艺术欣赏，马克·吐温的态度可被归纳为以下几点。

第一，对待欧洲的艺术，马克·吐温永远抱着一种不过如此的态度。正如他在威尼斯乘坐小划船目睹船夫熟练的划船技巧时所感叹的那样："恐怕我研究船夫高超技巧的时间要多于研究我们穿梭其中的布满雕塑的宫殿"（167）。而在威尼斯，大量单调重复的绘画也让他提不起兴趣："我们欣赏了著名的绘画，直到眼睛都看累了，不再觉得有趣。如果在威尼斯有一万二千幅小帕尔马的绘画，有一万五千幅丁托莱托的绘画，那还有什么惊奇？"（173）

在参观意大利威尼斯的时候，马克·吐温这样写道："在这个古老共和国的元老院大厅，我们盯着看数公顷面积的丁托莱托和保罗·委罗内塞的历史绘画，弄得眼睛疲惫不堪，但也没有给我们什么强烈的触动……"（161）丁托莱托（1518—1594）是意大利文艺复兴时期的著名画

---

① K. Patrick Ober: *Mark Twain and Medicine: Any Mummery Will Cure*, University of Missouri Press, 2003, p. 80.

② 同上，p. 8。

家，而保罗·委罗内塞(1528—1588)是意大利威尼斯画派著名的现实主义大师。同样没有留下什么印象的是米兰安布罗希安图书馆里的米开朗基罗和达芬奇的素描：“我们保留对这些素描的看法”。(131)

意大利热那亚曾经辉煌几个世纪，如今却是一派衰败的景象，雕塑和绘画也黯然失色：昔日的大理石宫殿的外表如今呈现出“一种黯淡的略带粉红的颜色”，“从人行道到房檐都画着发生在热那亚的战争场面，有巨大的朱庇特和丘比特，有来自希腊神话的熟悉插图。画漆因为年代久远、阳光暴晒而破损，像雪花一样一块一块地脱落，让人感觉不爽。没有鼻子的丘比特，或者丢了一只眼睛的朱庇特，或者胸前长着水疱的维纳斯，可不是优美动人的绘画所应该有的。这些绘满图画的墙壁，让我想起在乡下巡游的马戏团厢式货车，它跟在乐队彩车的后面，上面贴满了花哨的广告招贴画”(119-120)。

第二，马克·吐温承认他无法欣赏欧洲那些破烂不堪的艺术，同时对那些似乎能够欣赏的人表示了怀疑和不屑。在米兰参观达芬奇的画作《最后的晚餐》的时候，马克·吐温有精彩的评述。这幅画“是绘在一个古老大教堂的附属小教堂的一堵摇摇晃晃的墙上”，展厅里有十来个画家正在临摹这幅名画。“像往常一样，我不由自主地注意到，这些临摹的画不知道要比原作好多少，换句话说，在我这个对绘画毫无经验的人看来，无论在哪里看到拉斐尔、鲁本斯、米开朗基罗、卡拉齐或者达芬奇的画作，你就发现有艺术家在临摹它们，而这些摹本总是最漂亮的。”(137)因为在原作中，“颜色随着岁月的流逝而黯淡下来，人物的面容脱落、损毁，几乎所有的表情都没有了画在墙上的人物的头发模糊一团，毫无生机，眼睛里也没了生命”。目睹这幅名画的游客，往往会发出惊叹，敬佩、惊奇、喜悦之情溢于言表。但是马克·吐温却没有这样的欣赏能力，他佩服“那些人具有惊人的能力，能看见已经消失了的东西”：“我们能够想象苍老的脸上曾经有过的美丽，我们看到树桩就能够想象到森林，但是我们绝对不能看到不存在的东西”(138)。

第三，马克·吐温用道德判断来衡量艺术和艺术家，他对那些为暴君、王公贵族效力的画家抱着强烈的排斥态度。美第奇家族断断续续统治佛罗伦萨几百年，按照马克·吐温的说法，这个家族“暴政统治佛罗伦萨200多年，一直是佛罗伦萨人诅咒的对象”。但是，他们“在陆地上、在海上那些微不足道、被人遗忘的功绩”被描绘在巨大的壁画之中，救世主耶稣、圣母玛丽从云端抛下花环向他们表示祝贺，上帝本人也在天堂的宝座上对他们鼓掌庆贺。那么，“是谁画的这些画儿呢？是提香、丁托莱托、保罗·委罗内塞和拉斐尔——他们正是世人的偶像，是‘老资格的大师’”(190)。马克·吐温毫不客气地批评了那些为王公贵族效力的画家们：“安德列亚·德尔·萨托用绘画来赞美君王们，使这些本该被遗忘的人被永远记住，但他们任他被饿死。这是他咎由自取。拉斐尔给美第奇家族的凯萨琳和玛丽这样魔鬼般的恶棍画过画，描绘她们坐在天堂与圣母玛丽和天使们亲密交谈的情景……但我要一直批评这种卑躬屈膝的态度，它让那些大师们出卖他们高贵的才华来谄媚两三百年前的法国、威尼斯和佛罗伦萨的那些暴戾君王。”(190)

第四，马克·吐温认为艺术于国于民没有什么实在的意义，相反会耗费国力，祸害百姓。他感叹于意大利的高效、便捷的公路和铁路系统，漂亮、气派的车站。“这些东西比意大利上百个价值连城的收藏艺术珍品的画廊更能赢得我的心，因为我能够欣赏一个，而没有能力欣赏另一个。”(187)和比比皆是的豪华的教堂形成鲜明对照的是教堂门口成群的乞丐：“在教堂门口，十多个男男女女对着我们脱下帽子，卑微地向我们点头鞠躬，伸出手来祈求几个硬币……”他们“目光忧伤，面容清瘦，衣衫褴褛，不需要任何语言来表达”(188)。而教堂里面则是“财富的世界”：巨大的大理石柱子，上面镶嵌着一百多个用昂贵的绿宝石加工而成的精美人物形象；讲坛用同样昂贵的材质制成；宏伟圣坛的饰面光滑明亮，环绕的栏杆用东方玛瑙、碧玉以及其他宝石制成，显得金碧辉煌；到处都是大块大块的天青石，仿佛教堂拥有自己的采石场。目睹这一切，马克·吐温质问道：“当社区一半的人只能勉强维持日常生活的时候，让那些财富闲置在教堂里有什么用处呢？让成千上万的财富全浪费在意大利教堂里那些华而不实、毫无用处的东西上面，而人们拼命劳作、缴纳税费来维持一个垂死的政府，这哪是聪明人的做法?”(189)

第五，马克·吐温对于那些在艺术家光环背后被忽视、受到冤屈的普通百姓抱有同情。在米兰的安布罗希安图书馆，马克·吐温目睹了维吉尔的手稿，上面带有彼特拉克的注解。作者放下游览，花了一点工夫对彼特拉克和一个叫作罗拉的有夫之妇的恋情进行了评价，称彼特拉克花了一辈子的时间对别人的女人倾注全部的爱是种浪费，虽然温情脉脉，但确实是一种糟糕的判断。彼特拉克和劳拉因为这段恋情而名垂青史，但“谁为劳拉可怜的丈夫说一句话呢? 谁给他荣耀呢? 谁为他掬一捧伤心的泪呢? 谁为他写诗歌呢? 没有人”。彼特拉克和劳拉得到了名声和同情，而他什么都没有得到。“这就是所谓的诗性正义的一个最恰当不过的例子。这一切都不错，但它不符合我关于正义的理解……对我而言，我的眼泪和哀伤要慷慨给予被埋没的被告。”(131)

马克·吐温这种对待艺术的态度是可以预测的，这和他一贯的实用主义立场是分不开的，但其中也有其他一些因素。一方面，在欧洲的历史文化名城，绘画和雕塑久负盛名，作品众多，看多了可能会让人腻烦；另一方面，缺少传统艺术的训练也是一个重要的因素。马克·吐温承认，“在美国人们没有机会获得对艺术的批判性评价能力”，他“不能指望在欧洲短短几个星期内补上艺术教育的课”，所以无法区别宗教绘画中所描绘的殉道士之间的区别。“对我而言，看到这些殉道士中的一个，就知道所有殉道士的样子。”(173)因为如此，马克·吐温对艺术的欣赏有别于欧洲标准。他觉得漂亮的，欧洲人肯定觉得不漂亮。“每当我骄傲地认为我发现了一幅漂亮、值得大力称赞的古代绘画的时候，我所感受到的喜悦就成了一个明白无误的证据，证明它不是一幅漂亮的画儿，根本不值得称道。”(175)但马克·吐温并不承认自己缺少欣赏美的能力，他反驳说，“如果我对大自然这位所有艺术大师的君主呈现在我面前的宏伟画卷并不感到欢喜，那么，我有时候会相信我没有任何欣赏美的能力”(175)。

马克·吐温生活的年代是美国西部大开发的年代，他的家乡密苏里州成为通向西部的门户。成千上万美国人揣着梦想加入西部拓荒的人流中，他们相信只要经过努力、不懈的奋斗便能获致更好的生活。实现这一美国梦想需要的是勤奋、勇气、创意和决心，是脚踏实地的劳动者，而不是夸夸其谈、华而不实的所谓知识分子。这种理念在美国深入人心，在美国向西扩张的进程中表现得尤为突出。

马克·吐温作为西部大开发的参与者和见证者，身上集中体现了实用主义的时代精神。他有意无意地贬低不以实用为目的的教育，拒斥以医生为代表的专业人士，不能欣赏甚至调侃文学艺术，具有典型的反智主义的倾向。

第五章 《公主的月亮》中的反智主义思想①

詹姆斯·瑟伯是美国幽默作家、寓言作家和画家，出生于俄亥俄州，大学毕业后做过记者，也曾任《纽约客》杂志的编辑，晚年执教于耶鲁大学，其代表作有《当代寓言集》和《当代寓言续集》。瑟伯一生创作了大量的散文、寓言和故事等，也会为自己的作品绘制插图。瑟伯因其作品语言简单、含义深刻而受到大众的喜爱。

《公主的月亮》是詹姆斯·瑟伯创作的一本儿童图画书，由路易斯·斯洛博根绘制插图，于1943年出版，1944年获得凯迪克大奖。该书用极其简练的语言为我们讲述了一个耐人寻味的故事。国王最疼爱的小公主蕾诺尔生病了，国王允诺愿意给公主任何东西，只要她能好起来。小公主说如果她可以得到月亮，就会好起来。焦急的国王立刻招来宫务大臣、皇家巫师和皇家数学家，询问他们如何才能摘到月亮，可是他们都无奈地表示自己无能为力。最后国王找到了宫中的小丑，小丑并不急着告诉国王怎么做，而是去问小公主她心中的月亮是什么样的。得到小公主的回答后，小丑吩咐工匠用金子打造了一个小月亮送给公主，小公主欢天喜地，病立刻就好了。然而，随着夜幕降临，国王有了新的担忧，如果小公主看见天上的月亮该怎么办。国王又向他的智囊团请教，但他们并无良策，于是国王又找到了宫廷小丑。小丑来到公主的房间，问她为什么月亮可以同时挂在天上和她的脖子上。天真的小公主回

① 本章发表在《英语广场(学术研究)》2012年第1期上，收录时略有修改。

答道，这就如同牙齿掉了会再长，黑夜过后是白天一样，是自然规律：月亮摘了下来，天上又长出个新的月亮。

人物对比构成了小说《公主的月亮》的内在叙事结构。故事中存在两组人物对比：第一组是宫务大臣、皇家巫师、数学家和宫廷小丑的对比，第二组是宫务大臣、皇家巫师、数学家和小公主蕾诺尔的对比。

先看看第一组人物对比。表面上看，宫务大臣、皇家巫师、数学家和宫廷小丑完全是实力不对称的对比，前者身居高位、足智多谋，后者出身卑微，以愚者身份示人，是被取乐的对象。

宫务大臣是主管王宫日常事务的大臣，呈现在读者面前的是个有学问的知识分子形象：他“是个高高胖胖的人，戴着一副厚厚的眼镜，这使他的眼睛看起来比实际要大两倍，也使他看起来比实际要聪明两倍”。而实际上，他实实在在是个无所不能的人，他为国王弄到的珍奇物品包括象牙、猿猴、孔雀、红宝石、猫眼石、绿宝石、黑兰花、粉红色大象、蓝色贵宾犬、金甲虫、圣甲虫、蜂鸟的舌头、天使的羽毛、独角兽的角、巨人、侏儒、美人鱼、龙涎香、没药、行吟诗人、舞女，等等。但是当涉及月亮的时候他就一筹莫展、无能为力。第二个上场的是皇家巫师，他的职业成就不亚于宫务大臣。他能从萝卜中挤出鲜血，又从鲜血中变出萝卜；从丝帽子中变出兔子，又将兔子变成丝帽子；能凭空变出鲜花、鸽子，又能凭空让它们消失。他给国王弄来神杖和水晶球，通过它们可以预知未来。他用乌头、茄属植物和鹰的眼泪制成合剂，可以辟邪镇妖。他还给了国王可以一步跨出七里的靴子和使人隐身的披风，赋予国王点石成金的本领。但是，同样他也无法解决月亮的问题。国王叫上来的第三个人是皇家数学家，他秃头，眼睛近视，戴顶无沿小帽，耳朵上夹着一支铅笔。从1907年开始，数学家为国王解决了很多疑难问题，比如他计算出了左右为难两只角之间，白天和黑夜之间以及字母A到字母Z之间的距离；他计算出“上”有多高，“远处”有多远；他还发现了海蛇的长度，无价的价格，河马的体表面积，等等，不一而足。但是，他一样无法弄到月亮。于是，愤怒的国王找来宫廷小丑，结果小丑出人意料地完满解决了月亮的问题，小公主的病也好了。

宫廷小丑是何许人也？小丑是贵族或者宫廷豢养，供人娱乐的滑稽人物，宫廷小丑也被称作弄臣。小丑因为弱智和癫狂（不管是真的还是装出来的）而成为被取乐的对象，在英语中“小丑”（jester）和“傻瓜”（fool）这两个词通常是同义词。也正因为他们愚笨，他们才拥有特许的权利来取笑或者辱骂他们的主子。职业小丑在埃及法老时代就已经盛行，一直延续到18世纪，从墨西哥阿兹特克人社区到中世纪的欧洲宫廷，再到古代中国宫廷，都可以发现他们的身影。

小丑的基本功能有两个。首先是为了娱乐。在欧洲语言中表示这类角色的词汇不计其数，比如fool，buffoon，clown，jogleor，joculator，sot，stultor，scurra，fou，fol，truban，mimus，histrio，morio，等等。这些词包含“傻瓜”“小丑”“戏子”等含义。欧洲宫廷小丑的最早源头可能是古罗马的滑稽演员，因为中世纪用来指代小丑的词汇，比如scurrae，mimi，histriones本来是指古罗马的滑稽演员和艺人的。① 英国中世纪的宫廷小丑同样具有鲜明的舞台丑角的形象，他们身穿鲜艳的服装，戴着奇异的帽子，帽子的三个角分别代表驴的耳朵和尾巴，背后还会挂着铃铛。他们的任务就是要给沉闷的宫廷生活带来欢乐，把国王和大臣们都逗得哈哈大笑。另一个目的是寻求好的运气。小丑通常身体残疾畸形或者矮小，人们相信畸形丑陋的人能够转移邪恶的眼光，使人们免受厄运，带来好运。在罗马帝国时期，富有家庭有收养小丑的习惯，价格的高低是根据其愚笨和畸形的程度来决定的，越愚笨、越畸形，价格就越高。从出身上讲，中世纪欧洲的宫廷小丑有这样几类：博学但不循规蹈矩的大学辍学生，因和尼姑调情而被逐出的僧侣，具有超常语言才能或者身体技能的游吟诗人，或者是乡村铁匠铺里由于言行搞怪被路过的贵族看中的学徒。由此可见，虽然宫廷小丑也可能满腹经纶、多才

---

① Beatrice K. Otto：*Fools Are Everywhere：the Court Jester Around the World*，The University of Chicago Press，2001，p. 2.

多艺，但由于他们的职业性质和要求，人们通常会把小丑与“傻子”或者“疯子”的形象画上等号，认定他们是不太聪明、只擅长逗乐大众的人。

小丑是一个独具特色的人物形象，在文学作品中也常常有他们的身影。莎士比亚在他的戏剧里塑造了一系列小丑形象，其中比较成功、给人留下深刻印象的有《皆大欢喜》中的塔奇斯通（Touchstone），《李尔王》中的“傻子”，《暴风雨》中的特林鸠罗（Trinculo），《第十二夜》中的费斯特（Feste），以及《终成眷属》中的拉法奇（Lavache）。

《公主的月亮》是个童话故事，历史背景不清也不重要，重要的是小丑这个人物形象所体现出来的反讽和张力。既然是小丑，他就具有小丑的典型特征：他出身卑微，以悦人为己任，在人们心目中是搞怪、愚钝而又无足轻重的。这个小角色和国王智囊团的宫务大臣、巫师和数学家是无法比拟的，但是身份的贵贱和实际解决问题的能力在故事中形成了强烈的反差，体现了刻板的知识和具体问题具体分析的实用主义智慧之间的冲突。无所不能的宫务大臣、擅长技巧巫术的巫师以及充满智慧的数学家都认为无法摘到月亮，因为月亮太远、太大，这是不可更改的客观现实。小丑接受这些专业人士的意见，但他有自己的逻辑：

> “他们都是智慧的人，”他说，“那么他们一定是没错的。如果他们都没错，那么月亮就一定像他们所说的那样大那样遥远。要做的事情是了解公主认为月亮有多大多远。”

小丑懂得俯下身去倾听小公主内心的声音和渴望，他懂得尊重孩子，也懂得呵护孩子心中的梦与幻想。小丑之所以让人们拍手称赞就是因为他没有囿于成人的世界，而是巧妙地从公主的角度出发，站在公主的世界里，为她打造出心中的月亮，也最终使得公主欢天喜地、实现梦想。

再来看看小公主这个人物。文学作品里有许多给我们留下深刻印象的儿童形象，比如去郊外看望外婆的“小红帽”，说谎话鼻子就会变长的木偶匹诺曹，还有性格忧郁想要看看世界的小王子，这些性格各异的主人公带领孩子们进入一个引人入胜的童话世界里。然而仔细阅读文本，我们发现大部分的儿童形象具有一些共同点，他们大多天真烂漫，充满幻想和好奇，同时也幼稚、轻信，我们所熟知的德国童话作家格林的童话《小红帽》中的“小红帽”就是一个例子。小红帽独自去看望住在郊外的外婆，而大灰狼为了吃到小红帽，特意装扮成外婆的模样，小红帽到了外婆家并没有识破“狼外婆”的诡计而被大灰狼吃了，最后多亏猎人的帮助，小红帽才从大灰狼的肚子里逃了出来。故事里的小红帽虽然活泼可爱，但她却不够聪明，没能识破大灰狼设下的骗局，要依靠猎人的帮助才能死里逃生。

与“小红帽”的无知、轻信不同，《公主的月亮》里的小公主蕾诺尔虽然天真烂漫，但她对待周围的世界有她自己的合理观察和解释，她用自己有限的知识，构筑一套完整的参照体系去理解这个世界。当小丑去问她心里的月亮是什么样的时候，她给出了自己的想法：

> 小丑连忙去问蕾诺尔公主。小公主躺在床上，有气无力地说：“月亮比我手指甲小一点，因为我伸出手指放在眼前便挡住了月亮。月亮和树差不多高，因为我常见到月亮停在窗外的树梢上。”
>
> 小丑又问月亮是由什么做成的。公主说：“我想大概是金子吧。”

从小丑和小公主的一问一答中可以看出，小公主通过自己的观察，确立了物质之间的空间关系，据此来准确地描绘自己心中的月亮。而之后小丑与公主的对话则更加凸现出蕾诺尔通过观察个别自然现象得出一般性规律的抽象概括能力，虽然这种概括难免偏颇，但对一个孩子却是难能可贵的。更重要的是，这种关于自然现象的概括能很好地帮助她应对纷繁、复杂的世界给她幼小的心灵带来的困惑，克服现实与梦想之间的巨大差异：

> 小丑走进小公主卧室内时，她已经静静躺在床上了，但还没睡着。小丑问公主："月亮怎么能够同时挂在天空和你脖子上呢?"蕾诺尔公主笑了，说："你真傻，这有什么奇怪。我掉了一颗牙齿之后便又长出来一颗新牙齿。摘掉一枝花朵之后又会长出新花朵。白天过后是黑夜，黑夜过后又是白天。月亮也是这样，什么事都是这样。"

小公主蕾诺尔轻易就说明了大臣、巫师和数学家绞尽脑汁也难以解释的现象，这种成年人的经验世界和儿童的纯真世界之间的反差给读者留下深刻的印象。从哲学层面上讲，公主因为其天真而摆脱了"认知依赖"的限制。"认知依赖"(epistemic dependence)是美国田纳西大学哲学教授约翰·哈德维格提出的，用来解释人的信仰和知识体系的形成过程。人们的知识体系的建立绝大部分不是来源于直接的经验，而更多是来自我们信赖的专家和权威，而他们并没有直接的证据证明这些知识或命题是正确的。比如人们相信抽烟导致肺癌，大麻成瘾性不如海洛因大，牛奶不能空腹喝，等等。因此，哈德维格指出，在一种文化中，人们了解得越多，那么个体的知识体系就越发具有非理性的特征，这是一种悖论。① 在《公主的月亮》中，大臣、巫师和数学家无疑是专业人士，国王是"非专业人士"，"认知依赖"使他相信这些专业人士能够解决实际问题。同为"非专业人士"的公主还没有形成"认知依赖"，她是依据自己的生活经验和参照体系来获得关于月亮大小和远近的知识，她的观察对她自己而言是合理的，因为她没有强制性的愿望向专业人士咨询来验证自己关于月亮的知识。

---

① John Hardwig: Epistemic Dependence, *The Journal Philosophy*, 1985(7), p. p. 335-349.

《公主的月亮》在不动声色中给了读者这样一种启示：专家连同他们的理性知识并不能解决我们生活中所面临的一切问题，尤其是当涉及人的问题的时候；摆脱“认知依赖”的非理性的经验和直觉也许是我们解决世俗问题的钥匙。

总之，《公主的月亮》通过运用对比的叙事结构，清晰地表达了对以宫务大臣、皇家巫师以及数学家为代表的知识精英的低贬以及对宫廷小丑和公主的褒扬，同时也传达出对死板知识和经验的摒弃以及对非理性智慧的肯定。这种鲜明对比也是一种有意而为的反讽叙事，流露出作家的反智主义思想倾向。

第六章　杰克·克鲁亚克的反智主义

杰克·克鲁亚克是美国"垮掉的一代"的代表作家。最早注意到他的反智倾向，并进行系统评判的是诺曼·坡德霍瑞兹（Norman Podhoretz）。坡德霍瑞兹和克鲁亚克一样，是哥伦比亚大学学生，1958年在《党派评论》上发表文章《一无所知的波西米亚人》①，对克鲁亚克和"垮掉的一代"进行了批评。坡德霍瑞兹认为"垮掉的一代"是一种和二十世纪二三十年代完全不同的波西米亚人。二三十年代的波西米亚人拒斥美国生活中的偏狭、庸俗和道德伪善，他们高举文明的大旗，其理想是智识、教养和精神熏陶。而五十年代以"垮掉的一代"为代表的波西米亚人"极大地强调情感的强度"，认为"人生的理想状态就是吸毒后的狂喜"（307），表现出了明显的原始主义特征。其原始崇拜表现在三个方面：

一、对文明充满敌意。"垮掉的一代"崇拜原始主义、本能、能量和血性。即使他们对智识表现出一些兴趣，也都集中于神秘主义、非理性哲学方面。他们唯一感兴趣的艺术形式是爵士乐，在爵士乐中他们找到一种恰当的方式来表达对连贯、理性话语的蔑视，他们通过爵士乐来展现对原始活力和自发性的认同。

二、崇拜暴力和犯罪。文明的摒弃很容易导致肆无忌惮的暴力的产生，坡德霍瑞兹以《在路上》主人公迪恩·莫里亚蒂为例，指出他的犯

① Norman Podhoretz："The Know-Nothing Bohemians"，*Partisan Review*，Vol. 25，1958，p. p. 305-318. 以下引用都译自于此。

罪生涯创下了一项纪录：莫里亚蒂从11岁到17岁期间，经常被送到少年犯管教所进行管教，他的专长是偷车，勾引女学生。坡德霍瑞兹断言，“垮掉派”和当时美国社会盛行的少年犯罪之间存在联系。“我碰巧相信，50年代美国中产阶级生活的软弱和松弛与少年犯罪之间存在直接的联系，但我也相信，少年犯罪的部分原因是因为他们像‘垮掉派’那样憎恶正常的情感，试图用克鲁亚克和金斯伯格式的智力来应对这个世界。即使在克鲁亚克书中相对温和的精神气质也很容易演变为残忍和无情，因为在他的书中有一种被压抑的叫喊声：杀死那些讲话连贯一致的知识分子，杀死那些一次能够安静坐上五分钟的人，杀死那些能够认真对待女人、工作和一项事业的不可理喻的人物”(318)。

三、性取向。在性取向方面，克鲁亚克偏向于有色人群，他也不断声称要做个“幸福、真诚、喜悦的美国黑人”。坡德霍瑞兹指出，克鲁亚克对黑人和其他有色人群的喜爱和他对原始主义的崇拜有关，与其他任何激进的社会观念无关，这和以前的波西米亚人通过性来反叛社会常规和道德规范是不同的。坡德霍瑞兹进而指出，原始主义只不过是“垮掉的一代”的一件外衣，其本质是敌视智识，其根源是“感觉的匮乏”(315)。

后来的评论家也同样注意到克鲁亚克的“反智”倾向。史蒂芬·华生(Steven Watson)在《垮掉的一代的诞生》一书中指出，“克鲁亚克生命的最后十年的作品大多数发表在*Nugget*，*Escapade*，*Playboy*之类以性为导向的杂志上”，这说明既定的文学体制认为他是“幼稚、反智的”，而大部分出版商认为克鲁亚克对他们的中产阶级价值观构成威胁，故都将其排斥在主流文学之外。①

本章将在借鉴坡德霍瑞兹和史蒂芬·华生等人的研究成果的基础上，从以克鲁亚克为代表的“垮掉的一代”的文化渊源、克鲁亚克的创

① Steven Watson：*The Birth of the Beat Generation：Visionaries，Rebels，and Hipsters*，1944-1960，Pantheon Book，1995，p. 294.

作理念、他的自发性创作三个方面更为全面地剖析克鲁亚克的反智主义倾向。

(一)

以克鲁亚克为主要代表的“垮掉的一代”文学根植于美国悠久的波西米亚传统和嬉普斯特文化，是纽约格林威治的波西米亚传统同纽约时代广场的混血儿。“垮掉派”一方面具有反传统、反物质的伦理道德，另一方面认同社会边缘人群，常常和小偷小摸的罪犯为伍，作品以表现边缘人群为主。他们显然是和主流的精英文化格格不入的，也和追求智识生活的上层知识阶层完全不同，反智主义倾向明显。

“波西米亚人”和“波西米亚主义”起源于欧洲，“逃离由不确定社会地位所带来的痛苦现实是波西米亚主义产生的主要原因之一，这在任何时代、任何国家都是如此”①。第一次将波西米亚和艺术家、作家联系在一起的是法国作家巴尔扎克，他用这个词指代某一类型的艺术家和作家。②

爱伦·坡被认为是美国波西米亚的奠定人。在其不算漫长的人生旅程中，他开创了一系列对后来的作家和文学产生深远影响的传统，比如文学恶作剧，极具个人特色的尖刻批评，使酒吧成为艺术集会的场所，醉酒后神志不清地躺在排水沟、阁楼或者酒吧的密室里。在爱伦·坡之前，从事文学的人也许常常挨饿，但他们没有忘记文雅和礼貌。在他之前，美国文学界、艺术家和演员在做点什么坏事时，都会关闭门窗。是爱伦·坡使放荡成为一种不加掩饰的公开行为。

爱伦·坡之后，一代又一代艺术家和作家继承和发扬了波西米亚传统，这其中包括了艾达·克莱尔、惠特曼、威廉·温特尔等，到 20 世

---

① Albert Parry: *Garretts & Pretenders: A History of Bohemianism in America.*

② 张国庆:《“垮掉的一代”与中国当代文学》，武汉大学出版社，2006 年，第 21 页。

纪初，在纽约形成了以格林威治村为中心的波西米亚群落，大批作家、艺术家蜂拥而至，蔚为壮观。

今天，“波西米亚主义”一词“被用来描述那些思想自由、过着放荡不羁的生活的人，他们通常是那些志在寻求自己独特的、创造性的艺术表现方式的艺术家。他们表达自己从不考虑社会常规，通过独特的视角去体验生活的神秘，他们信奉爱、真实、美、自由，相信个人的潜能可以去改变这个世界”①。

“垮掉的一代”大部分作家活跃在纽约，从文化上讲，他们是“格林威治村的波西米亚传统同纽约时代广场的嬉普斯特的混血儿”，他们“以不同的方式接受了嬉普斯特的人生态度和视野，并在自己的作品中表现出来”②。

克鲁亚克是哥伦比亚大学学生，虽然他被认为是“垮掉的一代”的代言人，但早期的克鲁亚克和格林威治村的波西米亚分子是不同的。格林威村的村民们读的是萨特和贝克特的作品，而克鲁亚克崇拜的是宗教人士圣特蕾莎(St. Teresa)，卧室里满是她的肖像；格林威治村的村民们反抗中产阶级的价值观，而克鲁亚克是个爱国青年、孝顺的儿子，经常和母亲生活在一起。更重要的是，格林威治村的村民们在艺术上“摆酷”，而克鲁亚克却是在饮酒上“酷酷的”；格林威治村村民有自己的信念，而克鲁亚克只听从于自己的本能。

1952 年始，克鲁亚克开始和波西米亚分子联系在一起了，尽管他们有许多本质的不同，但克鲁亚克和格林威治村的波西米亚村民们一样，意识到美国社会在精神、情感、美学上的贫瘠。克鲁亚克被他们所吸引着，期待从他们那里获得创作的体验和灵感，以更好地表达他的美国情怀。克鲁亚克用抒情的笔调描写了他对波西米亚分子的印象：“他们衣衫褴褛、安详快乐、美丽，洋溢着丑陋的优雅；他们是具有特殊精

① 张国庆：《“垮掉的一代”与中国当代文学》，武汉大学出版社，2006 年，第 23 页。

② 同上，第 25 页。

神气质的人物，不拉帮结派，他们是孤独的垮掉派，从文明的死气沉沉的厚墙后朝外张望。”①

克鲁亚克的大部分作品纪录了自己追寻波西米亚式的在路上的生活、感知全新的美国生存体验的自传式故事，就像有的评论家所说的那样：“他是自己生活的有意识的观察者，决心用一部接一部的作品来记录自己生活中一个又一个的体验，直到死去。他的作品都是相互联系着的，有许多相同的人物，尽管编辑坚持不同的作品用不同的名字。几乎所有的人物都有现实原型，几乎所有的故事都是基于事实的。更重要的是，克鲁亚克作品的中心主题是复合式地表现自己的视野，自己既是场景的参与者，也是观察者。”②

通过梳理分析克鲁亚克小说中的人物及其原型，可以更清晰地显示克鲁亚克的人物无一例外地都是反主流的边缘人群。

克鲁亚克和他的“垮掉派”朋友是构成他小说人物的主体。他本人在13部小说中出现，分别是《大萨尔》《梦之书》《孤独天使》《达摩流浪汉》《麦吉·卡萨迪》《在路上》《巴黎开悟》《地下人》《小镇和城市》《特里丝特莎》《虚荣的多罗兹》《科迪印象》《杰拉德印象》，其中九部作品中用杰克·多罗兹这个名字。“垮掉派”作家阿伦·金斯伯格和威廉·巴罗斯分别出现在三部和六部作品中，另一位重要的“垮掉派”诗人格雷戈里·科尔索在三部作品中出现。“垮掉的一代”中心人物卢西恩·卡尔出现在六部作品中；“垮掉的一代”精神领袖、金斯伯格诗歌的“秘密主人公”尼尔·卡萨迪在7部作品中出现；40年代到50年代地下文化的偶像、瘾君子、犯罪分子赫伯特·汉克在四部作品中出现；有“垮掉的一代的梭罗”之称的加里·施耐德在两部作品中出现；佛教徒、和尚菲利普·沃伦在两部作品中出现；禅宗学者阿伦·瓦特在

① Albert Parry: *Garretts & Pretenders: A History of Bohemianism in America*, Covicï Friede Publishers, 1933, p. 248.

② 转引自 James T. Jones: *Jack Kerouac's Duluoz Legend: The Mythic Form of an Autobiographical Fiction*, Southern Illinois University, 1999, p. 22。

两部作品中出现；克鲁亚克的邻居、佛教徒洛克·麦科克尔在两部作品中出现。

其他次要人物包括妓女、无业游民、摘棉花的墨西哥女孩，等等。对于这些人物，克鲁亚克无一例外地感到亲切，有强烈的认同感和同情心。他甚至认为自己就是个“白皮肤的黑人”，小说《在路上》的主人公萨尔(克鲁亚克本人)希望自己变成一个“幸福、真诚、喜悦的美国黑人”①。

坡德霍瑞兹曾经批评过克鲁亚克的种族态度，指出其根源是他的原始主义崇拜：“克鲁亚克对黑人和其他深肤色群体的热爱是和他的原始主义崇拜有关的。事实上，具有讽刺意味的是，认为黑人比白人更单纯、质朴，按照内德·珀尔斯基的说法，是‘将黑人类型化的逆向形式’”(311)。而原始主义和反智主义是有密切关系的，正如霍夫斯塔德分析的那样，“……原始主义将反智主义深深地根植于美国人的意识之中”②。

(二)

“自发性”(spontaneous)这个词在 Merriam-Webster 网络词典里给出的意义有六：1. 源于自然感情或与生俱来倾向的，不受外部约束；2. 源于瞬间冲动的；3. 受内部控制的、指向内部的；4. 非通过人工种植或人工劳动获得的；5. 非通过明显的外部影响、力量、原因、处理而产生的；6. 非明显被策划或控制的。归纳这六种意义，本质有三点：一是发源于内在的，二是不受外界的影响，三是自然的。

因此，当华兹华斯说诗歌是“强烈情感的自发流露”的时候，给人

① 张国庆：《“垮掉的一代”与中国当代文学》，武汉大学出版社，2006 年，第 223 页。

② Richard Hofstadter: *Anti-Intellectualism in American Life*, Random House, 1966, p. 49.

的感觉是诗歌创作仅仅是表达情感，排斥理性和对感情的思考。当然，作为英国主要的浪漫主义诗人，华兹华斯在自己的诗歌理论和诗歌创作中是非常强调所谓的“感受性”的，情感的表达是他诗歌的重要功能。至于他是否排斥理性和思辨，那就要看他还说了些什么。

一方面，他说，“所有诗歌都是强烈情感的自发流露；尽管这是千真万确的，然而任何有价值的诗歌，不论题材如何不同，都是由于作者不仅仅具有超凡的有机感受性，而且深思了很久”①。另一方面，他说，诗歌“起源于在平静中回忆起来的情感。诗人沉思这种情感直到一种反应使平静逐渐消逝，就有一种与诗人所沉思的情感相似的情感逐渐发生，确实存在于诗人的心中”②。这样，尽管情感是诗歌的基础和表现对象，但是诗歌创作需要某些智力因素的相互作用，特别是记忆、沉思和想象力。因此，尽管诗歌是“宁静中回忆起来的强烈情感的自发流露”，但华兹华斯的自发性是不排斥理性和思辨的。

克鲁亚克的“自发性”如何呢？

克鲁亚克的“自发性”首先体现在其写作的“即席性”。在创作理念上，克鲁亚克认为写作“主要不是强调主观情感的自发流露”，而是“强调在作家和物质对象之间建立一种直接的关系”，这是“一种直接的、没有任何中间因素的现实再现”，换句话说就是再现人的感官和周围环境直接交互的过程。因此，写作“随念而至，不加节制”“不要停顿，不要思考”③，用克鲁亚克自己的话说就是在一种“半恍惚”的无意识状态下写作。为了到达这种“半恍惚”的状态，克鲁亚克在实际写作过程中常常使用大麻之类的药物。垮掉派诗人金斯伯格也经常引用威廉·布莱克的话来力挺“自发性”：“在艺术中，首先想的就是最好的；在其他方

① Samuel Taylor Coleridge, William Wordsworth: *Lyrical Ballards*, 798 *and* 1800, Broadview Press, 2008, p. 175.

② 同上，p. 183。

③ 张国庆：《“垮掉的一代”与中国当代文学》，武汉大学出版社，2006 年，第 60-61 页。

面，则是次要的。”①在创作内容上，克鲁亚克主要记述自己几次漫游美国的经历，在路上所发生的事情、所看到的景物、所接触的人物以及所引发的情感反应。他的旅行本身就是即席性的，没有准备、没有目标，走哪儿算哪儿。

《在路上》是继克鲁亚克对托马斯·沃尔夫的文体模仿失败后，首次尝试运用自发性写作的作品，尽管该作品不是他最典型的自发性文体代表，但读者依然可以感受到其自发性写作的大致特色。现摘录《在路上》的一段文字来品味一下克鲁亚克自发性写作的即席性特点：

> 大芝加哥在我们面前放着红光。我们突然置身于麦迪逊街一群群的流浪汉中间，他们有的把脚搁在街沿上懒散地躺着，有的在酒吧门前和小巷子口打转，有几百号人。“哎！哎！大家多加注意，看看有没有老迪安·莫里亚蒂，今年他可能碰巧在芝加哥。”我们离开了这条街上的流浪汉，前去芝加哥市中心。发出尖锐声响的电车、报童、行色匆匆的姑娘、空气中油炸食品和啤酒的气味、闪烁的霓虹灯——“我们进了大城市，萨尔！哈哈！”首先要做的事情是把凯迪拉克停在一个隐秘的地点，然后梳洗，换衣服，准备晚上去娱乐场所。我们在基督教青年会对面建筑之间找到一条红砖铺砌的小巷子，存放好凯迪拉克，让车头对着巷子口外的街道，随时发动引擎就可以上路，然后跟着那两个学生到了青年会，他们借了一个房间，允许我们使用一个小时。迪安和我刮了脸，洗了淋浴，我的皮夹子掉在客厅里。迪安看到了，正想偷偷塞进衬衫，忽然领悟到那原来是我们自己的，很是失望。接着我们同那两个学生告了别，我们庆幸自己安然无恙地到了目的地，然后我们就去一家自助餐馆吃东西。以棕色为主调的老芝加哥半是东部、半是西部风格。迪安

① Marc Olmstead：“Genus All the Time”，*The Philosophy of the Beats*，Sharin N. Elkholy(ed.)，The University Press of Kentucky，2012，p. 183.

> 站在自助餐馆里，摩挲着自己的肚子，把周围一切都看在眼里。他想同一个有色的中年妇女搭讪，那个女的很古怪，进了餐馆后说她没有钱，可是带有小圆面包，有谁给她一点黄油。她扭着腰进来，遭到拒绝后，撅着屁股出去了。“哎呀！”迪安说。“我们跟着她，我们把她带到小巷子里的凯迪拉克上去。我们好好乐一乐。”可是我们到了外面就忘了，一直朝北克拉克街走去，在芝加哥大环商业中心兜了一圈，观看了色情舞蹈表演，听了博普爵士音乐。多么精彩的一晚。“哎，老兄，”我们站在酒吧前时，迪安对我说，“看芝加哥那生气勃勃的街道，看那来来往往的中国佬。多么怪诞的城市——哇，看上面那扇窗里的女人，睡衣里的大乳房都露在外面了，睁大了眼睛。哟，萨尔，我们非去不可，到达之前永不停止。”①

这段文字，像是小学生的流水账，叙述全部围绕视觉感官展开，动作一个接一个，节奏急促，一气呵成，充分展示了迪安一伙人的率真和旺盛的生命活力。

因为追求即席性，克鲁亚克摒弃传统的规范语法，反对对作品进行修改。他说，“如果你不坚持首先想到的东西，那还有什么必要麻烦自己去写东西呢？把自己小小的谎言强加给别人有什么意义呢？”②克鲁亚克是从道德的层面上反对对作品进行修改的，他认为修改是对思想自由流动的审查。

但实际上，克鲁亚克的早期作品，特别是《在路上》，还是经过了大量准备和修改的。在开始写《在路上》之前，他经过了详细的准备，制定了写作提纲，随身所带的写作日记本上记录着大量人物素描和章节

---

① 杰克·凯鲁亚克：《在路上》，王永年译，上海译文出版社，2006年，第305-306页。

② Marc Olmstead：“Genus All the Time”，*The Philosophy of the Beats*，Sharin N. Elkholy(ed.)，The University Press of Kentucky，2012，p.183.

草稿。克鲁亚克日记编辑道格拉斯·布林克利谈到克鲁亚克的写作日记时说，克鲁亚克写作之前不仅对每个章节都准备了详细、连贯的情节线索，而且部分人物对话也准备好了①。虽然如此，克鲁亚克的写作日记是他亲身经历的第一手的原始记录，是实录的，而不是想象的。他的日记更多是起一个备忘录的作用，帮助他记住在路上发生的种种事件、碰到的人物、听到的声音和对话以及片段式的体验。虽然这些素材经过了部分加工和重组，但其即席性的本质是没有多大改变的。更重要的是，我们不要混淆创作方法、过程和创作终端产品的区别。克鲁亚克的终端产品虽然经过编辑们的删减、编辑，但这并未改变他的创作方法和过程。

与“即席性”相关联的是“爵士乐的节奏”，即遵循“自由流动的实验爵士乐”的节奏。克鲁亚克及其他垮掉派作家热爱爵士乐，从爵士乐中获取写作的灵感，尤其是查理·帕克的比波普爵士乐(简称波普)。听了帕克的“鸟羽”系列唱片后，他写信给约翰·克莱伦·霍尔姆斯说：“我现在开始发现了一种小说之外的、故事变幻莫测的界限之外的东西……狂野的形式，伙计，狂野的形式……”②克鲁亚克经常在爵士乐的伴奏下朗读诗歌，爵士乐的节奏使克鲁亚克的文字“从头脑中不受干扰地流出”③。

按照克鲁亚克的说法，爵士乐的节奏是这样运用到写作中的：“像男高音爵士乐演奏者那样，深吸一口气，然后在萨克斯风上吹出一段乐节，直到气息用尽，这时他的乐句、他的音乐主题完成了……这也就是

① Douglas Brinkley: *Windblown World: The Journals of Jack Kerouac*, Penguin, 2004, p. xxvii.

② Jack Kerouac: *Selected Letters*, 1940-1956, Ann Charters (ed.), Penguin Books, 1996, p. 371.

③ Jack Kerouac: “Essentials of Spontaneous Prose”, *Evergreen Review*, 1958 (5), p. 72.

我分隔句子的方法，用思想的呼吸来分隔句子……”①具体的做法是，首先找一个“具体的意象物体”，从这个“兴趣的宝石中心”写起。这个“具体的意象物体”类似于爵士乐中的旋律，两者都为自发性的即席创作提供基本的框架。经过一系列的自发性的展开后，克鲁亚克最终又回到开始的“具体的意象物体”，就像爵士乐经过一段自由发挥后又重新回归旋律一样。下面以克鲁亚克小说《萨克斯医生》中对主人公杰克·杜卢奥斯的一段童年梦魇的描述为例，来了解他是如何运用爵士乐的节奏的。

> 洛厄尔夜晚地下世界喧闹的恐惧——黑色的大衣挂在白色的门的钩子上——在黑暗中——哦！——一看到大衣上巨大的头套高高地凌驾在我那傻瓜般的门上，我的心就猛地一沉——壁柜的门都敞着，太阳底下和月亮底下的一切——棕色的把手威严地脱落——在糟糕的空白处，不同的钩子上挂着额外的鬼魂，偷看着我睡觉的床——我妈妈房间里的十字架，是森特拉尔镇的一位推销员卖给她的，它是挂在涂着黑色油漆的十字架上的发着磷光的耶稣——在黑暗中耶稣发着光，每次太阳下山我从旁边经过都会吓得直咽口水，它像棺材一样发着光，它就像《时钟谋杀》那部让人吓得尖叫的恐怖电影一样，一位老太太午夜噼噼啪啪地从坟墓上走出来，带着——你永远看不到她，只是一个悲哀的影子，轻轻地走上长沙发，她的女儿们和姐妹们满屋子地尖叫——从来不喜欢看到我的卧室门半掩着，在黑暗中它张着嘴，像个危险的洞。——康都伯爵古板，高高瘦瘦的，又严肃，很多次他站在我的门口——我的卧室里有部老式点唱机，也像鬼怪一般，古老、忧伤的美国老唱片发出的古老歌声萦绕着房间[……]害怕像你的手般大小的蜘蛛和像桶一

① 转引自 Tim Hunt：*Kerouac's Crooked Road：The Development of a Fiction*，South Illinois University Press，2010，p. 145。

样粗壮的手——哎……洛厄尔夜晚地下世界喧闹的恐惧。①

这段文字的“宝石兴趣中心”是“洛厄尔夜晚地下世界喧闹的恐惧”，它为接下来的回忆提供主题框架。在一位十岁孩子的想象中，黑暗卧室里的普通物品都变成了可怕的鬼怪，宗教物件在梦魇中也获得自己的生命，吸血蝙蝠和蜘蛛潜伏在黑暗中。但是，一旦这些即席性的联想结束，克鲁亚克又重新回到“洛厄尔夜晚地下世界喧闹的恐惧”，就像爵士乐乐手经过一番即席演奏后又重新回到他原先的旋律。

尽管《在路上》是克鲁亚克自发性文体形式过程中的过渡作品，但是同样具有明显的爵士乐的节奏。瑞加娜·温里克在《克鲁亚克的自发性诗学》一书中专门讨论了《在路上》和爵士乐的关系。②

克鲁亚克的自发性文体的第三个特点是“素描”手法，即“努力粗略勾勒出已经完整存在于脑中的流动思想”，具体做法是：“物体呈现在脑海中，要么是现实世界中的东西，像素描那样呈现出来(像风景、茶杯、苍老的面孔)，要么是记忆中的东西，根据记忆中的一个明确的作为意象的物体勾勒出一幅素描图。”③

克鲁亚克成熟的自发性文体是从小说《科迪印象》(1972)开始的。这本书是“对《在路上》主人公‘迪安·莫里亚蒂’的性格研究”，是“巨大的颂歌”，它“运用现代自发式方法，将我的美国印象同溢流而出的词语结合起来”。④ 小说一开始有30个简要的素描，多数篇幅不到一页，克鲁亚克将他的感官印象忠实地转换成文字。下面是一段纽约长岛铁路枢纽的素描：

---

① Jack Kerouac: *Doctor Sax*, Little Grove Press, 1959, p. p. 44-45.

② Regina Weinreich: *Kerouac's Spontaneous Poetics: A Study of the Fiction*, Thunder's Mouth Press, 1987, p. p. 39-56.

③ 张国庆:《“垮掉的一代”与中国当代文学》，武汉大学出版社，2006年，第63页。

④ 参见克鲁亚克《科迪印象》正文前页(*Visions of Cody*, Penguin Books, 1993)。

晚上我坐在长岛的牙买加铁路枢纽，想着科迪和路上——碰巧有雾——依稀传来汽笛低沉的鸣叫声——火车机车蒸汽突然激荡的声响，要么是蒸汽声，要么是钢棒发出的撞击声——一辆汽车冲刷而过，发出那种在城市拂晓大家都熟知的声音——使我想起麻省坎布里奇的黎明，我那时没有上哈佛大学——远方传来无名的潺潺流水声或者某种嚎叫声，要么是火车驶过弧形的钢轨时发出的，要么是车厢侧滑时发出的——驶来的卡车隆隆作响——是辆小卡车，但在薄雾中轮胎发出哨鸣声——从铁路站场传来双重的叭叭或者哔哔的声响，可能是工程师回应司闸员或列车检修工做出的“火车在广播”的手势时轻点大型柴油汽笛时发出的声音——当没有具体的近似的声响的时候，周围的声响给人的总体感觉当然就像是大海那样的，但也差不多像有人居住的建筑物发出的声响一样，你眼瞅着一座房子想象着它所发出的呼吸声加强了周围高调的寂静——（到目前为止，在寂静中，你能够听到什么东西发出细小的嘶嘶声，是时间喉咙里发出的无名的哮喘声）——一个男人，很可能是位卡车司机，在远处叫喊着，听起来像个在黑暗中玩耍的富有冒险精神的年轻人——气动刹车每隔两次停一下，发出和谐的声音，第一次刹车，发出的声音和第二次刹车的声音融合、共鸣，然后合为一体——树上一簇黄色的十一月份的树叶，若非这些叶子，这就是一颗光秃、局促、被阉割的树，树叶垂死中相互摩擦，发出一些轻微的刷刷声。每当看到一片叶子落下，我总是说再见。落叶的声音没有被湮没，除非像乡下那样寂静，此刻我确信它确实让大地发出嘎嘎的声音，就像管弦乐队里的蚂蚁——低沉的噪杂声，是牛奶工厂的大众播音装置发出的可怕的声音，像是从充满隔板的烟囱里发出的被放大的声音——像夜晚的声音——一只巨大的钢圈蟋蟀——（它停止了）——我曾经听到有人高声喊道“请关掉水龙头”，一个女人，一个雨夜，我震惊了——车厢的门发出砰的一声，咔嗒一声，在轻轻的关门声之前是天鹅绒的现代铰链发出的咔嗒声——装着护垫的新车厢发出轻柔的关门声，砰的一声——有人带着帽子穿着大衣，显露出某种高傲、秘密、局促的神情——这个地区呼吸着；它似乎想告诉我一些我可以听懂的东西——

为了保持原文的风格，以上文字基本上是直译的，因此显得生涩、难懂，这不仅是因为克鲁亚克极力在捕获他第一时间的感觉碎片，也因为它抛弃英语语法，采取类似于惠特曼“目录式”的叙述方式，罗列感官感受。同时，克鲁亚克还即兴造词，如表示声响的拟声词：squee，plick。他随意对单词进行组合，形成新奇的表达方法，比如“乡下的寂静”等。此外，大量破折号的使用标志着呼吸的停顿，使这段素描具有它独有的节奏。

所以，在作品中，“克鲁亚克用非正统的句子和措辞，以令人眼花缭乱的速度呈现意象，将描写的场景同梦和记忆并置起来，把现实和想象混为一团”①。

正如坡德霍瑞兹在《一无所知的波西米亚人》一文中所指出的那样，自发性是一种感觉的属性，而不是写作的属性。当人们说某部作品是“自发的”的时候，意思是说作者毫不费力地想出合适的词句，不需要进行艺术加工和推敲，作者的情感自主流淌。但克鲁亚克似乎认为“自发性”就是想到什么就说什么，想用什么顺序说就用什么顺序说。他说出的不是合适的词句，而是首先想到的词句，这些词句源于情感而非思考、源于生活而非文学。他的自发性写作追求即兴、直觉和感性，而拒斥理性和表达上的提炼和升华，使文学沦落为一堆无序、无思想的文字堆积，具有强烈的“文学反智主义”色彩。

① Matt Theado：*Understanding Kerouac*，University of South Carolina Press，2000，p. 28.

(三)

从文体上，为了更有效地接近和展示所感知的真实世界，克鲁亚克扭曲线性时间，打破“现实”常规，诉诸本能和自发，因此其小说语言往往缺乏语法和句法规范，这在上面的例句中可以看出来。

此外，克鲁亚克的词汇贫乏，缺乏表现力。坡德霍瑞兹是这样评论克鲁亚克的自发性波普韵律的：

> 不能和波普语言本身相混淆，后者词汇有限，以至于你甚至不能用它给送牛奶的写个便条，更不用说写小说。(相比较而言，基础英语是词语的宝库。)然而，克鲁亚克在试图突入敌占区(也就是英语语言)的时候，通过无能力用词语表达任何事情来保持对嬉普斯特俚语精神的忠诚。他描写物体的唯一方法就是一次又一次使用半打相同的形容词，比如great，tremendous，crazy，mad，wild，也许还有一两个。如果要表达更高的程度，就使用really mad，really crazy，really wild。(顺便说一下，如果表达超过“三”的数量，就一律用“无数的”，这个词在《在路上》中被用过无数次，在《地下人》中却没有那么多次。)在表达稍微复杂的情感的段落中，这种词汇的贫乏越发明显。他通常的策略是使用陈词滥调来掩饰，或者给读者提供含糊的信号。例如：“我看着他；我的眼睛因为尴尬和眼泪而流泪。他依然盯着我。现在他的眼睛空洞，审视着我……有什么东西在我们俩身上发生着。对于我，我突然关心起比我年轻的男人，五岁，他的命运将在今后的几年里和我的命运连接在一起。对于他，我只能通过从今以后他对我做的事情来辨别了。”(313-314)

坡德霍瑞兹对克鲁亚克的批评也许有些地方有失偏颇，但他注意到克鲁亚克语言的贫乏，这是符合实际情况的。

客观上讲，克鲁亚克贫乏的语言与他的母语以及生长环境限制了他的语言表达有一定的关系。他父母从加拿大移民美国，讲一种方言法语。他说：“我是法裔加拿大人，出生于新英格兰。生气时，我常常说法语。做梦常常用法语。哭的时候，我总是用法语。”“我从来没有我自己的语言。6岁之前，我讲的是方言法语，后来讲街头英语，再后来——是宏大的形式和高尚的词语，是诗人、哲学家和预言家的语言。这样，到现在，所有这些都混杂在我的脑子里。”①

但实际上，克鲁亚克是有非常强的文体意识的，他总结了30条“现代散文信条和技巧”，其中有这样的表述：做心神的痴狂圣徒；写你想写的东西；要从无底的心底里写出来；没有时间考虑诗性，是什么就写什么；消除文学、语法和句法上的限制；努力勾画出已经完整地存在于脑海中的流动的思绪；你停下来，不是思考合适的文字，而是要更清晰地看到图画；等等。这足见克鲁亚克贫乏的语言是出于他的文体考虑的，是有意为之的。他视高雅语言和精致文体为他自发表达的障碍，可以说克鲁亚克文学语言的贫乏和自甘堕落，是其反智思想的具体表现之一。

---

① 参见 Kerouac：*The Unknown Kerouac*（*LOA* #283）：*Rare*，*Unpublished & Newly Translated Writings*，*Volume 4 of Library of America Jack Kerouac Edition*，Library of America，2016<https：//books. google. com/books? id=WrdQCwAAQBAJ&printsec=frontcover&dq=The+Unknown+Kerouac：+Rare，+Unpublished+%26+Newly+Translated+Writings&hl = en&newbks = 1&newbks _ redir = 0&sa = X&ved = 2ahUKEwi299ii9tzmAhUWsp4KHdtcCeQQ6AEwAXoECAMQAg # v = onepage&q = The% 20Unknown% 20Kerouac% 3A% 20Rare% 2C% 20Unpublished% 20% 26% 20Newly% 20Translated% 20Writings&f=false>。

第七章　论海明威的反智主义倾向①

作为美国作家中的重要一员，海明威长久以来以不同的方式被称为反智主义作家。比方说，罗伯特·佩恩·沃伦在文章《海明威》中指出，和英国诗人威廉·华兹华斯一样，海明威是反智主义作家②。卡洛斯·贝克尔在海明威传记《海明威的生平故事》前言中写到“海明威对知识分子的憎恨”，“相比于上层阶级，他更喜欢中下层阶级”。③ 另外，董衡巽在《海明威传》中也提到海明威曾被赫胥黎称为“反知识分子者”④。然而，在这些文本中，海明威的反智主义倾向只是被当作一种理所当然的特点提一提，几乎没有人对其反智主义思想做出探讨。通过文本细读，笔者发现海明威的反智主义倾向体现在对性和酒的关注、人物对智慧和知识的排斥态度以及对艺术的反感态度这三个方面。

一、小说对性和酒的关注

性被认为是人的原始生物本能冲动，而酒有麻醉神经和大脑的作用。在性爱和醉酒时，人情绪高昂，没有理智可言。关于性、酒、理性的关系在尼采的美学中也有探讨。在《悲剧的诞生》中，尼采首先把酒

---

① 本章发表在《英语广场(学术研究)》2014 年第 2 期上，收录时略有修改。

② Robert Penn Warren：“Hemingway”，*The Kenyon Review*，1947，p. 13.

③ Carlos Baker：*Ernest Hemingway — A Life Story*，Reprinted by Penguin Books，1987，p. xiv.

④ 董衡巽：《海明威传》，浙江文艺出版社，2008 年，第 80 页。

神的本质比拟成"醉"。接着他对"醉"作了解释:"或者由于所有原始人群和民族的颂诗里都说到的那种麻醉饮料的威力,或者在春日熠熠照临万物欣欣向荣的季节,酒神的激情就苏醒了。"①另外,在《偶像的黄昏》中,尼采对"醉"的种类做了概括:

> 首先是性冲动的醉,醉的最古老最原始的形式。同时还有一切巨大欲望、一切强烈情绪所造成的醉;酷虐的醉;破坏的醉;某种天气影响所造成的醉;例如春天的醉,或者因麻醉剂的作用而造成的醉;最后意志的醉,一种积聚的、高涨的意志的醉。——醉的本质是力的提高和充溢之感。②

性和酒都能使人达到酒神精神的本质——醉。

在《悲剧的诞生》第十二卷中,尼采提出了"酒神精神与苏格拉底精神的对立"③。酒神精神我们已经清楚,其本质可以等同于"醉"。那么"苏格拉底精神"又具体指什么呢?尼采写道,"我们把苏格拉底认作酒神的敌人,认作起而反抗酒神的新俄耳甫斯……"④而在前文中,尼采分析了俄耳甫斯杀父娶母的悲剧,认为俄耳甫斯就是智慧与理智的代言人,也正是这两者把俄耳甫斯带向了毁灭。并且,在第十五卷,尼采把苏格拉底称为"第一个不仅能遵循科学本能而生活,更有甚者,而且能循之而死的人"⑤。由此可以看出,代表苏格拉底精神的就是理性与逻辑推理,且酒神精神与其对立和斗争。

这样就不难看出性、酒与理性之间的关系,即性和酒都能使人达到醉态,从而与理性进行斗争,进而摆脱理性的控制。

---

① 尼采:《悲剧的诞生》,周国平译,译林出版社,2011年,第8页。
② 尼采:《偶像的黄昏》,周国平译,湖南人民出版社,1987年,第8页。
③ 同①,第57页。
④ 同①,第61页。
⑤ 同①,第71页。

海明威代表作中有大量关于性和酒的描写。长篇小说《永别了，武器》中男主人公对性和酒的热衷显而易见。在亨利认识巴克莱以前，他就经常逛窑子，即战地的妓院。而在度假期间，他去得最多的地方也是妓院。在与他的室友雷那蒂交流假期见闻的时候，他们就谈到了这一点。雷那蒂问：

"……有没有什么艳遇？"

"有。"

"哪儿？"

"米兰、佛罗伦萨、罗马、那不勒斯——"

"够啦，把最得意的告诉我。"

"在米兰。"

"……你们睡整夜的吗？"

"是的。"①

后来，亨利回忆了他在度假时的经历和当时的感受。

夜间醉了酒躺在床上，感到这就是一切，就这么醒着，有种奇异的兴奋，不晓得究竟是跟谁在睡觉，在这样的黑暗中，世间的一切显得虚幻，而且这样令人兴奋，所以你又一定会一无所知、糊里糊涂，认为这就是一切，一切的一切，天不管，地不管。有时，你会突然间警惕起来，怀着这样的心情从睡梦中醒来，早晨一到，一切消逝，触目都是尖锐的、苛刻的、清楚的现实。

醉酒后，主人公是狂喜而兴奋的，甚至感觉好像是又痴又呆，糊里

① Ernest Hemingway: *A Farewell to Arms*, Charles Scribner's Sons, 1969, p. p. 11-12. 以下《永别了，武器》的引文都译自这个版本。

糊涂，此时大脑已经不管用了，只有这样亨利才觉得彻底自由，什么都不用管，什么都不用顾。可当早上清醒过来时，头脑灵光了，一切都在大脑中呈现得清清楚楚，烦恼又来了。类似的感受在《丧钟为谁而鸣》中也有描述。战士罗伯特·乔丹对与玛丽亚之间的性爱的感受是，“突然感到从来也没有过的喜悦，轻柔、亲切、欢欣、出自内心的喜悦，无忧无虑，不再疲惫，不再发愁，只感到莫大的喜悦”①。

此外，亨利与巴克莱约会时，也表达了对性的渴望，但被巴克莱拒绝。后来当亨利负伤住在米兰医院时，他们相爱了。一天上午，巴克莱走进亨利的病房门时，他就“神魂颠倒”，接着就抱住了她，央求她满足自己的欲望。事后，亨利“觉得空前地愉快”(91)。从此以后，巴克莱小姐就尽力上夜班，与亨利尽享鱼水之乐。亨利的感受是“夜里真可爱，我们只要互相接触一下，便觉得快活幸福”(114)。在亨利即将离开，要去前线的那一夜，他也是尽力抓住机会满足自己的欲望。亨利从撤退的大部队里逃出来后，与巴克莱小姐在瑞士的日子里，也是抓紧时间尽情作乐。

酒对亨利来说，也是必需品。首先，亨利对酒种类的了解说明他对酒的爱好。文本所提到酒的种类就有二十种：阿斯蒂、施特烈嘉酒、格拉巴酒、卡普里酒、红酒、朗姆酒、科涅可白兰地、白兰地、味美思、基安蒂红酒、飞来莎、巴勃拉、甜白葡萄酒、法国玛谷葡萄酒、马萨拉酒、马丁尼鸡尾酒、香槟、慕尼黑黑啤酒、格鲁怀因、威士忌。亨利对酒的喜爱还表现在他无论做什么事情都得喝酒，打仗时离不开酒，休假得喝酒，还常常喝醉。就连受伤后，患了黄疸，医师嘱咐不可喝酒，亨利还是偷偷喝，直到医院的监督范坎本女士查房，发现了“十一只白兰地空瓶子，还有那瓶狗熊酒”(143)。为此，亨利失去了疗养休假的机会，但他毫不怪自己醉酒，只是不喜欢范坎本女士。用巴克莱小姐的话

① Ernest Hemingway: *For Whom the Bell Tolls*, Charles Scribner's Sons, 1969, p. 72. 以下《丧钟为谁而鸣》中的引文都译自这个版本。

说，“酒总是使你高兴，亲爱的，但只叫我头昏”(141)；用亨利自己的话说，“酒真了不起”“酒叫你忘掉一切坏事”(156)。正是因为酒麻醉了大脑，让人丧失思考能力和理智，亨利才得以开心。同样，对于《丧钟为谁而鸣》的主人公罗伯特·乔丹来说，酒仿佛也有巨大的魔力。他感到一杯苦艾酒能够“代替晚报，代替往日在咖啡馆里的所有夜晚，代替每年这时会开的栗子花……代替晚上的阅读和休憩，代替所有的享受过却忘记了的一切。而当他品尝着这颜色发暗、苦涩，使舌头发麻、头脑发热、肚子暖和、思想起变化的神奇液体时，他又回忆起了一切”(51)。

海明威对性和酒的关注和赞赏不仅仅体现在作品中，现实生活中的他对这两者也是持赞赏态度的。尽管海明威没有直接声称对性的喜爱，然而他的恋爱史和婚姻史足以说明他的态度。海明威先后娶了四个妻子，并且还有不少的情人，有些甚至是婚外恋。海明威对酒的喜爱首先表现在言语上。在他的纪实作品《死在午后》中，他是这么说的，“酒是世界上最文明的东西之一，也是世上合乎人性的东西当中制作得最完美者之一；也许，比起能够买到的任何纯属感觉的东西来，酒提供了最大的享受和品尝范围”①。接着他又对喝酒伤身这一观点发表了自己的看法：

> 我宁愿拥有能让我尽情享受马尔戈红葡萄酒或上勃里昂酒所带来的乐趣的那种能力，即使由于要练就这样的品酒能力会饮酒过量，使肝脏受损，不能喝里希堡酒、科尔通酒或尚贝坦酒，我宁愿这样也不愿要少年时代那样瓦楞铁板制成的内脏器官，那时候，所有的红葡萄酒，除了波尔图酒以外，都是苦的，而且喝酒仅仅是一个过程——灌下足够量的任何一种酒使我莽撞起来的一

① 海明威：《死在午后》，金绍禹译，上海译文出版社，2011年，第11页。

个过程罢了。①

对海明威来说，宁愿身体受到伤害，也不可以放弃喝酒。

正如他所说的一样，在实际生活中，海明威也离不开酒。海明威从清晨起床后就开始喝酒，上午和餐间也少不了酒的陪伴，晚上睡觉前也得喝酒。除了葡萄酒外，他每天至少喝四盎司86度的烈性酒。就算到了晚年，大脑、肝脏、肾脏、耳朵、眼睛都出了问题，他也从未真正放下过酒杯。②

可见，海明威对性和酒的赞赏和喜爱态度是一贯的。这体现了其对性爱和醉酒的青睐。正如亨利所描述的那样，性和酒可以让人感到糊里糊涂，摆脱大脑的控制，享受到自由。并且性、酒与理性又是对立的关系。这些在无意中体现了海明威对思想和理智的排斥。

二、对知识和思想的排斥

海明威在其小说中时不时地流露出对知识和大脑作用的否定、怀疑态度。在《太阳照常升起》中，海明威对知识的怀疑和否定态度有两个方面的体现。

首先是杰克自己对书本知识的看法。尽管在杰克看来“书里的知识”是“一种你付出了代价之后获得的美好东西”(14，149)。可他又不得不承认书本知识会影响人们的判断力。小说开头，当杰克的朋友柯恩谈到要去南美和他讨厌巴黎时，杰克是这样评价的：“问题就出在这里。我为他感到难过，但是却爱莫能助，因为眼下你得面临两个棘手的问题：一是他认为南美可以治他的心病；二是他不喜欢巴黎。头一种想法是他从书里得来的，第二种因素的根源恐怕也在书本里。”(12)柯恩

① 海明威：《死在午后》，金绍禹译，上海译文出版社，2011年，第11页。

② Kenneth S. Lynn：*Hemingway*，Harvard University Press，1988，p. 529.

是不切实际的，认为南美可以让他摆脱心魔；柯恩是极端的，认为巴黎的一切都可恶。在杰克看来，这些都是由于书本知识对其的影响。后来，当杰克独自一人坐着出租车去咖啡馆时，他再次反思了书本知识对人的影响。

> 行驶在拉斯帕丽大街上总是叫人感到沉闷。这条街很像巴黎至里昂公路上枫丹白露与蒙特罗之间的那一段路，老是叫我感到厌烦、空虚、沉闷，恨不得尽快走完。行驶在这段时产生的不好感觉，大概是由某些联想所造成的。巴黎有些街道和拉斯帕丽大街同样让人生厌。在这种街道上步行，我倒不太烦心。但是坐在车子里叫我无法忍受。也许是由于我曾读过这方面的书吧。我厌恶这种街道，而罗伯特柯恩则厌恶整个巴黎。他看不上巴黎，我不知道他是从何处得来的这种恶感。大概是受了门肯的影响吧。门肯厌恶巴黎，而许多年轻人的好恶则受到门肯的影响……(41-42)

步行经过这些街道时没有烦心，然而当坐车时却觉得“烦闷”，杰克没有清楚地说明自己不喜欢这条街的具体什么东西，对他这种奇怪的感觉，他给出的解释是“曾读过这方面的书”。由此可见，是书本影响了杰克的判断力。而柯恩对巴黎的厌恶，杰克解释为这是受了作家门肯的影响，并且科恩进一步认为“许多年轻人的好恶都受到门肯的影响”。书本知识让这些知识分子没法完全根据自己的内心对事物做出判断，有点失去自我，甚至让柯恩这种读了很多书的人变得狭隘和极端，认为巴黎的一切都让人生厌恶之感。可见，杰克对书本知识是持怀疑态度的。

另外，《太阳照常升起》中罗伯特·柯恩和比尔·戈顿两位作家对作家自我认识的对比也说明了作者对知识的态度。

柯恩是犹太人，发表了一部小说。比尔也是一位作家。他的一本新作为他赚了不少钱。然而，发表作品后的柯恩变得不那么好相处。当杰克、比尔、柯恩、迈克尔以及布莱特在潘普罗纳共庆奔牛节时，同为作家的柯恩和比尔形成了鲜明的对比。柯恩自以为同布莱特在巴斯蒂安有过风流韵事就洋洋得意。可事实是，布莱特不爱他，排斥他。布莱特的未婚夫迈克尔骂他：“你们都是文人，而我不是。我头脑不聪明。但是人家嫌我的时候，我却看得到。别人嫌你的时候，你怎么觉察不到呢，柯恩？……”(177)可他赖着不走，作为知识分子的他，自恋地以为，布莱特是真的爱他，他们“真正的爱情会占上风”(199)。当布莱特与斗牛士佩德罗·罗梅罗走到了一起时，他醋意大发，动手打罗梅罗。他还理想地认为，他可以把“布莱特造就成一个循规蹈矩的良家妇女”(201)。与柯恩的自大、自恋、狂妄和理想主义相比，比尔却有自知之明。在杰克向斗牛士罗梅罗介绍他的这帮朋友后，比尔说道：“告诉他，就说我认为舞文弄墨没出息。说呀，你告诉他呀！说我为自己是个作家而感到脸红”(175)。在与非知识分子一起时，比尔能够看到作为知识分子的某些弱点，并自我批评。然而，柯恩却没有这种意识，结果就是柯恩成了众人排斥的人物，而比尔与同行的人能够很好地打成一片。同样是知识分子，只有认识到作为知识分子的弱点，才不致被排斥。因此，从这组人物对比可以进一步看出知识可以影响人。稍不留意，知识会把人带向自恋、狭隘、理想主义和浪漫主义的思想境界。

海明威对大脑作用的排斥主要表现在对人类智慧、科学思维、理智的否定。

海明威在小说《永别了，武器》和《老人与海》中直接写到他对智慧的不屑和排斥。在瑞士，亨利同葛雷非伯爵打弹子时，谈到了智慧。

……

“你倒是聪明的。”

“不，这是个大谬论；老人更有智慧。人老并不增加智慧。只是越来越小心罢了。”

“这也许就是智慧。”

“这是一种很不讨人喜欢的智慧。你最看重什么？”

“我爱的人。”

“我也是。这并不是智慧。你看重生命吗?”

“看重。”(261)

他们把智慧、爱人以及生命放在一起讨论，亨利断然回答自己只珍重后两者，把智慧排斥在外。可见人类所独有的智慧并不受亨利的青睐。

《老人与海》中的圣地亚哥，更是宁愿做一条有力量和能耐的鱼，而并非有智慧的人。老人在海上同大马林鱼搏斗，他们亦敌亦友。老人感叹道，“它们没有我们这些要杀害他们的人聪明；尽管它们比我们高尚，更有能耐”①。人类一向认为智慧使人类比其他一切动物高贵。然而，在老人眼中，尽管人类有智慧，鱼儿比人类更高尚，更能耐。智慧没有让老人觉得自豪。接着老人又感叹，“但愿我就是这条鱼”“它正使出所有的力量，而要对付的仅仅是我的意志和我的智力”(64)。可见老人是羡慕鱼儿的，他不在乎人类的智慧。对于“智力”，他用“仅仅”来修饰，可见老人对智慧的轻描淡写和不屑一顾，相比之下，老人赞扬的是动物所拥有的力量和能耐。正如当他想到“一只或两只眼睛被啄瞎后的斗鸡仍旧战斗下去”这一场景时所陈述的那样，“人跟伟大的鸟兽相比真算不上什么。我还是情愿做那只待在黑暗的深水里的动物”(52)。

此外，《永别了，武器》中写到了作者对科学思维和理智的怀疑。

亨利与巴克莱小姐初次见面，聊到了亨利为什么进了意大利军队。当时，亨利的回答是这样的：“我也不知道，并不是每件事都有解释”。而巴克莱的回答是：“噢，没有解释？我的教养却告诉我是应该有解释的。”接着亨利嘲讽道，“那倒是怪舒服的”(18)。亨利并不认为世上的一切都可以有原因，都可以解释清楚。而对万事万物的前因后果追根溯

① Ernest Hemingway: *The Old Man and the Sea*, Charles Scribner's Sons, 1969, p. 63. 以下《老人与海》的引文都译自这个版本。

源的正是科学，科学精神的基本理念就是什么都可以用知识来说明。亨利的回答是对科学思维的怀疑。

而亨利从前线回来后同雷纳蒂的谈话，表露了他们对理智的看法。

> “他们不喜欢我。”
>
> “为什么？”
>
> “我是那条蛇。我是那条理智的蛇。”
>
> “你搞错了。苹果才是理智。”
>
> “不，是那条蛇。”他愉快一点了。
>
> “你的思想不要太深刻，人就好一点，”我说。(170)

此处的谈话让人联想到《圣经》创世纪章节中人类的堕落。与其他动物相比，生活在伊甸园的亚当和夏娃因为有与上帝相似的长相，上帝更加恩宠他们。可自从偷吃了禁果，人类拥有了另外一样其他动物所没有的宝贝，那就是智慧。但上帝不允许人类拥有智慧。为此，人类付出的代价是被逐出了伊甸园。海明威在此处提到此典故，在一定程度上说明，他认为智慧对整个人类是有害的。在《永别了，武器》中，亨利给雷那蒂的建议就证明了这一点。亨利认为思想不要太深刻才好，这是他对人类自以为豪的“思想”的赤裸裸的排斥和否定。他认为人不要太有思想，才可以更快活。他不仅对雷纳蒂是这么建议的，他也要求自己尽可能少地去思想。“头是我自己的，但是不是供使用的，不是用它来思想的；只是用它来记忆，但是也不能记忆得太多。”(231)“我生来不会多思想。”(233)

三、对艺术的怀疑

在《永别了，武器》中，有亨利对西方雕像艺术态度的描述。当他在医院门口等待巴克莱小姐时，他看着那些雕像，感受是这样的：“这些雕像有大理石那种完完整整的品质，看起来千篇一律。我总觉得雕刻这玩意沉闷——不过，铜像倒还有点道理。但是大理石的半身像，简直就像片坟山。坟山中也有一个好的——在比萨的那一个。要看坏的大理石像，最好上热那亚”(28)“可惜雕刻得古典一律。多看也看不出什么名堂来”。雕像是艺术的一种，是人类智慧的结晶，但亨利对此的评价是“千篇一律”“沉闷”和“像坟山”。从最后两句话可以看出，亨利的贬斥甚至是厌恶并不只针对这家医院，他指的是欧洲的古典艺术。就连比萨古城里的雕塑也只能是坟山中好的。不管是好是坏，最终还是“千篇一律”的“坟山”。热那亚作为意大利的文化古城，在亨利眼里，它并没给人多少美感，反而是看坏大理石像的去处。并不是亨利不懂得审美，从他对壁画的评价就可以看出：“任何壁画，只要开始剥落，总是行的”(29)。“剥落”了的壁画，是经过了大自然的加工，对大自然呈现的美，亨利是称赞的。

上面我们分析了海明威的反智主义的三种具体表现形式，这三种形式有时独立存在于几部不同的作品中，有时同时存在于一部作品中，共同说明了海明威的反智主义倾向。那么，造成海明威反智主义倾向的原因又是什么呢？

首先，海明威的反智主义倾向与当时的文化背景有关。海明威生活的年代是西方进入现代主义的年代。而现代主义最主要的一个特点就是反叛精神。其中包括对十九世纪理性至上思想的反叛。如丹尼尔·贝尔所说，“西方意识里一直存在着理性与非理性、理智与意志、理智与本能间的冲突，这些都是人的驱动力。不论其具体特征是什么，理性判断一直被认为是思维的高级形式，而且这种理性至上的秩序统治了西方文化将近两千年。现代主义打乱了这一秩序”。① 贝尔认为这一反叛的主

① Daniel Bell: *The Cultural Contradictions of Capitalism*, Basic Books, 1996, p. 50.

要原因来自“哲学界”，“那里的非理性主义、升级论和直觉说通过柏格森和弗洛伊德理论的折射，以粗俗化的形式迅速传播开来”(62)。而作为生活在这个文化氛围内的海明威，作为文人，难免受到影响。

另外，海明威的创作理念是他作品中流露反智主义倾向的另一个原因。海明威并没有写过关于如何创作的专著。然而，在《死在午后》中，他谈到了对小说中人物塑造的看法。区分了“人”与“人物”，并解释了什么样的才是“人”。

> ……作家在创作一部小说时应塑造活生生的人；是人而不是人物。人物是笨拙的模仿。如果作家能把人写活，他的书中也许不会有了不起的人物，但是他的书作为一个整体，作为一个实体，作为一部小说，就有可能持续下去。如果作家塑造的人谈论十八世纪的画家，谈论音乐，谈论现代绘画，谈论文学，谈论科学，那么，他们就应该在小说中谈论这些题目。如果他们不谈论这些题目，是作家要他们谈论这些题目，那他就是一个骗子；如果他自己去谈论这些题目，借以显示一下自己懂得多么多，那是在卖弄。……如果一个作家因极少尊重写作的严肃性而迫不及待地要人们知道他是受过正规教育的，是有文化的，或有教养的，那么，他只不过是一只鹦鹉罢了……①

在海明威看来，作家应该尽力塑造真正的“人”，是符合现实的“人”，而不是作家自己想象的“人物”。然而，世界上的大多数人在生活中是不谈论艺术、文学的，他们的生活没有多少思想约束，他们重视本能和行动。这也正是海明威所尽力描写的生活和世界。

关于海明威的研究以及其作品的研究不计其数。本章通过梳理海明

① 海明威：《死在午后》，金绍禹译，上海译文出版社，2011年，第192-193页。

威对性和酒的赞赏态度、对思想和智慧的排斥态度以及对艺术的怀疑态度来说明海明威的反智主义倾向，并且试图从现代主义这一文化背景和海明威的创作理念两个角度对其原因进行了探索，希望能够为了解这位诺贝尔奖得主提供一个新的视角。然而，对于原因的分析有失全面和深刻，需做进一步的研究。

第八章　弗兰纳里·奥康纳的反智思想及其宗教根源

弗兰纳里·奥康纳是美国20世纪著名的小说家及评论家。她终身未嫁，在其短暂的39年生命里，大部分时间她都待在自己的农庄里。生长在南方的她，作品十分依仗区域背景，具有南方哥特式风格。她的小说常常弥漫着恐怖、荒凉、神秘、腐朽的气息，人物往往性格反常、脾气乖张，情节中则不乏暴力、邪恶、阴暗、离奇的成分。奥康纳还是位虔诚的天主教徒，她的作品似乎总与宗教相关。不管是通过怪异的人物和暴力的情节来展示南方的病态社会，还是通过人物的行为方式来揭示人性邪恶的神秘，通过自然来揭示上帝的恩惠，都使这位神秘的作家带上了反智的色彩。

奥康纳用怪异、滑稽的手法，在小说中塑造了形形色色的美国南方乡村怪异的人物形象，而知识分子则是其中的典型。在奥康纳的小说中，他们个性张扬，自命不凡，却处处充满着荒谬和怪异。

（一）

短篇小说《久久的寒意》中的阿斯伯里（Asbury）就是这样一名知识分子，他在纽约求学，追求艺术，也写诗歌和剧本。因为患病，自感即将死去，希望死前获得“某种最后的、重要的、终极的体验”，于是回到家乡小镇，随后和母亲、姐姐、医生、牧师等人发生了一系列的冲突，故事充满荒谬和怪异。顺便提一下，作家给故事的主人公取名阿斯伯里是有深意的，Asbury 这个名字很容易让人联想到 absurd 这个词，是“荒谬的，荒唐的”的意思。

阿斯伯里的怪异首先体现在对待母亲和姐姐的态度上，他傲慢、无礼，缺乏亲情和尊重。

故事一开始，阿斯伯里就表现出对母亲的敌意。母亲到车站接他，一见面他就表现出自己生病、命不久矣的样子，“他很高兴她能够在他脸上看到死亡”(547)①。对于母亲的问候和寒暄，他说：“我不想说话，一路糟透了。”接着又说：“你不必告诉我温度是多少，我已经足够大了，知道什么时候应该脱掉大衣”。(547)阿斯伯里拒绝母亲的一切关心和提议，粗暴地对待她：“我不会在牛奶厂干活，我不会出去晒太阳。我病了，发烧，怕冷，头晕，我要求你做的所有事情就是别烦我。”(551)

虽说这和他生病时的身心状态有关，但本质上，阿斯伯里有着极强的优越感，他讨厌周围几乎所有不是“知识分子或者艺术家”的人，包括母亲。已经二十五岁的他只能靠着母亲生活，却认为她极其可鄙讨厌，觉得是她浇灭了自己的想象力和创造力，是束缚了他雄心壮志的罪魁祸首：“我来到这里(纽约)是为了逃避家里奴隶般的气氛，是为了寻找自由，解放我的想象力，让它像逃脱牢笼的鹰一样，‘盘旋着进入不断扩大的环流中’(叶芝)，可我发现了什么？它不能飞翔了，它是被驯化的鸟儿，坐在自己的囚笼里，怒发冲冠，拒绝走出去！”(554)他承认：“我没有想象力，我没有才能，我不能创造，我除了渴望这些东西外一无所有。你为什么不把这些渴望也扼杀掉呢？女人，你为什么束缚我？”(554)为了报复自己的母亲，生病时他拒绝接受治疗，甚至为此洋洋得意。对于自己写给母亲的信，他认为，“母亲无法立刻明白那封信的意思。她那缺乏想象力的大脑，需要花一些时间才能明白那封信的重

① 本章所有奥康纳小说的引文均出自 *Flannery O'Connor*：*Collected Works*，The Library of America，1988。译文是本书作者自译。

要性，但她终将明白，他已经原谅了她对他做过的一切”(554)。

至于姐姐玛丽，阿斯伯里似乎从来没有看上眼，他说玛丽装出一副知识分子的样子，实际智商不超过75，她真正的兴趣是找个男人，但任何明智的男人都不会看上她，因为她是个毫无魅力的女人，否则也不会当小学校长。姐姐也针锋相对，说阿斯伯里不是什么艺术家，也没有什么才干，否则也不会什么也没有出版。(553)

其次，阿斯伯里的怪异体现在他想获得“最后一种具有重大意义的经历”的方式上。他感觉自己是个“需要被什么东西填满的贝壳”，但又不知道用什么来填充自己，以获得特殊的体验。想来想去想到自家农场里的两位黑人帮工，因为去年他曾经和两位黑人帮工在一起抽烟，感觉甚好，黑人和白人之间的差别化为乌有，他体会到“情感交流的美好时刻”。这次生病回家，他想如法炮制，要求见两位黑人帮工，重新找点当初在一块抽烟时的感觉。然而，时过境迁，两位黑人唯唯诺诺，不停地说些他气色不错的话。他找不到一点感觉，非常失望。“他现在知道，在死之前不再会有有意义的体验。”(570)

第三，阿斯伯里的怪异表现在他的梦境和幻想上。他先是梦到自己的葬礼，梦见自己的尸体被抬到家族墓地，母亲和姐姐坐在门廊的椅子上看着，没有流露出多少兴趣。送葬的队伍里有位牧师，表情神秘、阴沉，“有一丝禁欲主义和堕落融于一体的迹象”。他躺在小山坡的一个窄窄的墓穴里。“月亮升起来了，阿斯伯里感觉到有人弯腰俯在他的身体上，一股柔软的温暖触在他冰冷的脸上。他知道，这是艺术来叫醒他来了。他坐了起来，睁开眼睛……奶牛四散在他的周围，在月光下吃草。其中一只又大又白、身上布满斑点的奶牛正在轻轻地舔他的脸，仿佛那是一块盐”(564)。从梦中惊醒，他颤抖不已，浑身虚汗。阿斯伯里梦里有梦，虚虚实实，满脑子里宗教、艺术和死亡。

阿斯伯里的幻想怪异，充满神秘的色彩。他睡觉的房间由于屋顶漏水，在墙面上形成了水渍。在他的眼里，水渍形成“一只张开双翅的猛禽”，“一条冰柱横穿过它的喙，几条小一些的冰柱从它的双翅和尾巴上垂下来”(555)。这只鸟在他童年时期就在那儿，让他害怕，感觉那鸟“随时都可能飞下来，把冰柱扔在他头上”(556)。阿斯伯里的梦境和幻想充分说明了他的混乱和恐惧。

阿斯伯里的敌意、怪异和恐惧不是凭空产生的，而是有其深刻原因的。小说通过阿斯伯里和神父费恩的一段对话，戏剧性地展现了智识和宗教的冲突，深刻揭示了阿斯伯里的怪异和恐惧不是来自死亡，而是来自对生命意义的迷茫、对宗教恩泽的拒斥。

两者的对话是从作家乔伊斯开始的：

> “你觉得乔伊斯如何?”阿斯伯里大声问。
>
> “乔伊斯? 什么乔伊斯?”牧师问道。
>
> “詹姆斯·乔伊斯,”阿斯伯里笑着说。
>
> 牧师大手在空中一挥，仿佛是拂去恼人的蚊虫。“我没见过他,”他说。“那个，你早晨和晚上祈祷吗?”(556)

谈话的话题由神父掌控着，很快被转移到宗教方面。神父不厌其烦地告诉阿斯伯里祈祷的意义：“不经常祈祷，你永远不会学会做个好人。你不可能爱耶稣，除非你对他讲话。”……“我们必须向圣灵祈祷来获得纯洁。注意，是全身心地。不祈祷，什么事情也解决不了。”当阿斯伯里说“艺术家只为创作祈祷”时，牧师厉声地说，“这不够！……如果你不天天祈祷，你就忽视了你不朽的灵魂”(556)。

接着话题又转到上帝：

> “是谁创造了你?”牧师用军人的口气问道。
>
> “关于这个问题，不同的人有不同的想法,”阿斯伯里说。
>
> “上帝创造了你,”牧师马上回答说。“上帝是谁?”
>
> “上帝是人创造的一种观念,”阿斯伯里说。他感觉到自己正在进入状态，觉得两个人可以玩玩这个游戏。

“上帝是一种无限完美的神灵，”牧师说。“你是个非常无知的孩子。上帝为什么创造你？”

“上帝没有……”

“上帝创造你是让你了解他，热爱他，今生为他服务，来生与他幸福同在！”老牧师用一种穷追猛打的声调说。“如果你不按照教义问答手册中所说的那样做，你怎么知道如何拯救你不朽的灵魂？”(566)

被咄咄逼人的神父追问得毫无招架之力的阿斯伯里最终找到了一个不为自己祈祷、不信上帝的借口，他喊道，“我要死了”(566)。但神父并未就此罢休。“但是你还没有死，如果你从来没有对上帝讲过话，你如何指望能和上帝面对面？你如何指望得到你从未祈求过的东西？上帝不会将圣灵降临给那些没有祈求过他的人。祈求他将圣灵降临给你吧。”(566)神父指出上帝是阿斯伯里摆脱痛苦，获得永恒的希望：“你想让你的灵魂遭到永恒的诅咒吗？你想上帝永远抛弃你吗？你想遭受最可怕的、比火还厉害的丧失之痛吗？你想永远遭受丧失之痛吗？”(567)面对无助的阿斯伯里，神父愤怒地说，“在你明白自己是个懒惰、无知和自负的年轻人之前，圣灵不会降临”(567)。

在故事结尾，阿斯伯里虚弱无力地躺在床上，头顶上一直在“神秘等待的”猛禽“好像突然动了起来”，他“脸色苍白”，“他眼中最后一片虚幻的薄翳仿佛是被一阵旋风卷走了”“圣灵身披着冰的而非火的华服，怀着深仇，一步一步走下来”(572)。圣灵终于降临了，尽管是以一种阿斯伯里从未料到的方式。作者以这种方式结束故事，寓意是明显的，只有接受圣灵，阿斯伯里才能得救，哪怕这意味着“他将生活在具有净化作用的恐惧之中”。

短篇小说《上升的一切必将汇合》的故事背景是种族隔离制度被废除后不久的南方某镇。朱利安刚刚大学毕业，心中苦闷，和母亲生活在一起，靠卖打字机糊口。和阿斯伯里一样，他和母亲的关系格格不入。

母亲早年丧偶，辛辛苦苦把他养大，非常溺爱他，而他却满心鄙视，母亲为他所做的一切都让他觉得是“琐碎的，让他沮丧”。他讨厌母亲的帽子，“觉得这顶帽子不仅滑稽，更是神气活现、令人讨厌”(485)。他讨厌母亲对人“客气”。“他们根本不在乎你客不客气，知道自己是谁只对一代人有好处。现在，你根本就不知道自己是在什么地方，自己是谁。”(487)母亲请他陪她到镇上去健身，他也是十二分不乐意：

> 他们来到巴士站。看不见有巴士。双手仍插在口袋里的朱利安伸出头，怒视着空荡荡的街道。等巴士和将要乘巴士带来的沮丧感，就像一只滚烫的手开始爬上他的脖子。……他阴郁地看着她：她直挺挺地站着，戴着那顶荒唐的帽子，仿佛是她想象出来的一面尊严的旗帜。他产生了想要挫一挫她锐气的恶毒冲动，于是突然松开领带，把它解下塞进口袋里。(489)

表面上，朱利安具有进步的思想，主张种族平等，对母亲的白人的优越感非常反感。在车上，他故意坐在黑人身边，和黑人搭讪，以此挑战母亲。但他和黑人根本没有实际的交流，不能同他们进行有意思的对话，他向黑人乘客借火柴的举动显得荒唐可笑：

> “你有火柴吗?”他问黑鬼。
>
> 黑人把手伸进口袋，递给朱利安一盒火柴，但他的目光并未离开报纸。
>
> “谢了,”朱利安说。他傻乎乎地握了火柴一会儿。车门上方有块“禁止吸烟”的标牌。仅仅是这块牌子还不足以阻止他——他没有烟。因为负担不起，几个月之前，他戒烟了。“对不起,”他咕哝道，把火柴递了回去。黑人放低报纸，生气地看了他一眼。他接过火柴，又举起报纸。(493)

随着故事的发展，我们可以清楚地发现，朱利安并不是真的同情黑人、了解黑人，他同黑人搭讪只是为了故意让母亲难受：

> 他开始想象他能用以教训她的各种行不通的方法。他可以和一些杰出的黑人教授或律师做朋友，并带一个回家过夜。他完全有理由证明自己可以这么做，但她的血压也可能会升到三百。他不能把她逼到中风的地步，而且，他从未成功地交到一个黑人朋友。他试过在公汽上和较好的几类——那些看起来像教授或牧师或律师的黑人攀谈交朋友。有天早上，他坐到一个看起来很优秀的黑棕色男人的身边，那人能用浑厚严肃的声音回答他的问题，可惜他是个殡葬业从业者。还有一天，他在一个抽着雪茄、手指上戴着钻石戒指的黑鬼身旁边坐下，但说了几句生硬的玩笑话之后，那个黑鬼就按响蜂鸣器站了起来。他从朱利安身边挤过去准备下车时，往朱利安的手里塞了两张彩票。(494)

在朱利安内心深处，他羡慕母亲祖父家里曾经有过的种植园和两百个奴隶：

> 说起那栋房子时，他总带着轻蔑，而想到它时，他却又总是心怀向往。在它被卖掉之前，他见过那房子一次，当时他还是个孩子：双楼梯烂掉了，被拆了下来，黑鬼住在里面。但他的母亲知道，房子留在了他的脑海里。它经常出现在他的梦里。他会站在宽阔的门廊下，听橡树叶的沙沙声，继而不紧不慢地穿过天花板很高的门厅，走进和门厅相连的客厅，注视着磨坏了的小地毯和褪了色的挂毯。他觉得，能够欣赏那栋房子的是他，而不是她。他爱它破败的优雅胜过他能叫得出名字的任何东西。就因为那栋房子，他们居住过的所有社区对他而言都是折磨。(488)

至此，朱利安作为一个内心扭曲的知识分子的形象已经清晰地展现在读者眼前了。他的扭曲不仅体现在和母亲的紧张关系以及对种族问题的伪善态度上，也表现在他自我意识缺乏，怀着一种荒唐的自我优越感。他认为自己的“意识深处”才是不会受到外界干扰、能摆脱周围人愚昧的唯一地方，他讨厌母亲对待黑人的优越态度，认为自己才是真正尊重他们的。遇到穿着得体的黑人，他总想与他们谈一谈“艺术或者政治或者超出他们俩周围人理解范围的任何其他话题”，他曾敲着自己的头对母亲说，“真正的文化在脑子里，脑子里，脑子里”(489)。

短篇小说《格林利夫》在类似的母子冲突的框架下，通过两个家庭的对照，展现了知识分子的卑劣和无能。

梅太太的小儿子韦斯利在镇附近的一所大学教书，是个知识分子，他从小身体不好，七岁的时候得过风湿热，梅太太认为这是他成为知识分子的原因。大儿子斯柯菲尔德身体好，也受过良好的教育，是个“成功的商人”(507)。在梅太太看来，大儿子斯柯菲尔德只是让她生气、忍受不了，韦斯利才真正是她焦虑的根源：

> 他瘦小、神经质、秃顶，他的性格有知识分子可怕的气质。……韦斯利也不喜欢好女孩。他不喜欢做任何事清。他每天开车二十英里去他任教的大学，每天晚上再开二十英里返回来，然而他说他恨这二十英里的车程，他恨二流的大学，他恨一群笨蛋来听课。他恨乡下，他恨他现在过的生活；他恨与他的母亲和他的白痴哥哥一起生活，他恨听到他妈的奶牛场和他妈的帮工和他妈的损坏了的机器。尽管嘴巴上这么说，但是他从来没有要离开的实际行动。他说要去巴黎和罗马，但他甚至亚特兰大都没有去过。(509)

虽然在农场长大，但兄弟俩甚至不能区分干草和青贮饲料。他们性格迥异，“唯一的共同点就是两人对家里发生的事情毫不在意”(504)。

自家的草场上来了一头失散的公牛，梅太太费尽周折打听到，牛是家里雇佣的帮工格林利夫先生的两个儿子家里的。为了驱赶入侵公牛，梅太太跑到格林利夫儿子家，可一直无人来处理牛的事情。梅太太向格林利夫埋怨说，“他们不来，是因为我是个女人。和女人打交道，什么事情你们都可以不负责任。如果是男人当家的话……”格林利夫马上反驳说，“你有两个儿子，大家都知道你家里有两个男人”(519)。

此外，兄弟俩对母亲的态度也是同样恶劣，除了冷嘲热讽，便是落井下石，把惹怒母亲当作每日的生活消遣。

和梅太太一家形成鲜明对照的是格林利夫一家。虽然格林利夫先生在梅太太家当帮工，但他为自己的双胞胎儿子自豪，全然看不起梅太太的两个儿子。“他从来不失时机地通过他的表情或一些简单的手势让她明白，他对于他们(梅太太家两个儿子)无比轻视。像格林利夫家这种矮小人，他从来会毫不迟疑地让她知道，无论在什么样的环境，只要他的儿子们参与其中，他们……应该会有更大的优势。”(507)

梅太太承认格林利夫先生的两个儿子勤劳、精力充沛，但她从心里瞧不起他们，从小就嫌弃他们脏，没有教养。他们之所以现在混得比较好，是因为参加了“二战”：

> 格林利夫的两个儿子都是中士军衔，……他们又都没有受过伤，现在他们都有退休金。此外，不久他们都退伍了，他们得到了所有福利的好处，上了大学的农学院——与此同时纳税人还得负担他们的法国妻子。他们俩现在住在那条公路下大约两英里处政府帮他们买的一块土地上，政府还出钱帮他们建造了两层小屋。如果说战争能成就什么人，梅太太说，那就是格林利夫的两个儿子。(508)

更重要的是，小说通过戏剧性地展现梅太太和公牛之间的冲突，来凸显小说的宗教主题，具有浓郁的反智色彩。

在处置入侵公牛的过程中，梅太太以悲剧收场，被发怒的公牛顶死。这种结局是出人意料的，也是不公正的。梅太太是个要强的、受人尊敬的人，自己一人辛辛苦苦地经营着农场，抚养两个儿子长大成人。"她只是在信念上是个农村妇女。死去的梅先生是个生意人，当时土地不值钱，就在乡下买了这块地。他把他所有的一切都留给了她。两个儿子不很乐意搬到乡下这个破旧的农场，但是她也没有什么办法。"(508)

但是，作家奥康纳为什么要这样对照展示两个截然不同的家庭，给梅太太设置这样一种结局呢？答案只有一个：和格林利夫夫人不同，梅太太并非真正的基督徒，她的死是一种惩罚，也是一种救赎。

和梅太太不同，格林利夫夫人的心思不在打理花园、洗衣做饭上，她沉湎于所谓的"祈祷疗法"。"她每天从报纸上剪切下所有病态的故事——关于妇女被强奸、在逃犯罪分子、被烧伤的儿童、火车失事和飞机坠毁的意外事故、电影明星离婚之类的报道。她把这些剪报拿到树林里，挖个洞埋起来，然后她就弯腰俯在掩埋的地面上，咕哝、呻吟大约一个小时，先是在身子下面来回挥动她那粗壮的胳膊，然后又向外挥舞，最后就平平地躺下来。梅伊太太怀疑，她就要睡在泥地里。"(505)

有一天，梅太太无意中看到了格林利夫夫人"祈祷疗法"的仪式，让她心惊。"她的脸上混杂着泥土和眼泪，她那对小眼睛，像地里的两颗紫花豌豆，眼眶红红的，眼睛肿胀，但她的表情沉静得就像斗牛犬一样。她跪着来回摇摆双手，呻吟道：'耶稣！耶稣！'"(506)接下来，格林利夫太太尖叫起来："耶稣，刺中我的心吧！"然后她向后平倒在泥地里，双腿双臂展开来，仿佛要用四肢抱住大地。

见此情形，梅太太的反应是"愤怒而无助"，她对格林利夫夫人说，"耶稣会为你感到羞愧的，他会告诉你从泥地里站起来，回家去洗孩子们的衣服"(507)。梅太太"觉得耶稣这个词应该只在教堂里使用，就像有些词只能在卧室里使用一样。她是个善良的基督徒女人，对宗教有无限的尊敬，当然，她相信任何宗教就不是真的"(506)。

由此可见，梅太太和格林利夫夫人不同，她并非真正信奉基督教，她只有通过死亡才能得到救赎，因为那“公牛”就是耶稣的化身，小说一开始就暗示了这一点。“梅太太卧室的窗户很低，面向东方，一头公牛站在那儿，月光下呈现银白色，它站在窗户下，抬起头来，仿佛是在听房间里的动静——仿佛是某个耐心的神下来向她求爱。”(501)小说最后，公牛尖锐的牛角插进梅太太的心脏，格林利夫匆匆赶来，“他朝那头公牛开了四枪，子弹穿过了公牛的眼睛。她没有听到枪声，但她感觉到了那庞然大物倒下时的颤栗，头上挂着她向前倒下，以致当格林利夫先生来到她跟前时，她仿佛是弓身对着畜生的耳朵低声说出了她最后的发现”(524)。小说的结尾耐人寻味，梅太太对公牛到底说着什么呢？她最后的发现是什么呢？

归纳一下。小说《格林利夫》从两个层面上展现了作家的反智倾向：1. 通过两个家庭的对照，展现了知识分子的卑劣和无能；2. 通过公牛的象征意义，展示了宗教救赎的终极意义。

在《善良的乡下人》中，霍普韦尔太太的女儿乔伊是位借助假腿行走的高学历知识分子，她自视甚高，和乡下的生活格格不入。“乔伊整天陷在一把深深的椅子里读书。有时她也出去散散步，却不喜欢狗、猫、鸟、花、自然、年轻的好男人。她看着年轻的好男人，似乎都能闻到他们身上的愚蠢。”(268)她的妈妈将女儿的怪癖归结于学问。“每当她看到乔伊这个样子，她情不自禁地觉得，如果孩子没有获得博士学位，情况会好些。”(267)

一位自称波恩特的圣经推销员上门推销圣经，他给霍普韦尔太太留下好的印象，她称他为“善良的乡下人”。波恩特邀请乔伊第二天一同去野外郊游，乔伊显然是动了芳心。“半个晚上，她一直在想这个事情，她觉得这是个天大的玩笑，开始意识到它深刻的含义。”(275)“整个晚上，她想象着引诱了他，她想象着他们俩一路走过屋后的两块地，来到贮仓。她想象着到那儿之后，出现了那样一种情况，她轻而易举地便勾引了他。随后，当然啰，她不得不对付他的悔恨。真正有才华的人甚至可以把一种想法传达给一个智力低劣的人。她想象自己控制住了他的悔恨，把那种情绪变成了对生活的一种更为深刻的理解。她把他的羞愧全部打消，把它变成了一种有用的力量。”(276)

但具有讽刺意味的是，这位感觉良好的哲学博士却被“善良的乡下人”戏弄了一番，并被他抢走了自己的假腿。逃走前他还不忘告诉她事情的真相：“收集了许许多多有趣的东西……有一次，我这样弄到了一个女人的玻璃眼睛。你也不要认为你会逮住我，因为波恩特并不是我的真姓。我每到一家就用一个不同的姓，而且哪儿也不呆上多久。我还要告诉你另外一件事，赫尔珈，你也并不多么精明。从我出世以来，我就什么也不相信！”(283)

奥康纳为什么给有学识的乔伊安排这样一个尴尬的结局呢？道理很简单，作家想教训一下这位自以为是、不相信任何东西的高级知识分子。乔伊在和波恩特的对话中有这样的陈述：“……我并没有什么幻想。我是那种看透了一切、看破红尘的人。……咱们都得下地狱，不过咱们有些人已经把蒙着眼睛的布去掉，看到并没有什么可看的。这就是一种拯救。”(280)这是她生存状态的最好总结，也是她被愚弄的根本原因。

在奥康纳的作品中，几乎没有正面的知识分子形象，他们大多缺乏宗教信仰，内心扭曲，骄傲自大，认为自己是唯一掌握着真理的人，永远居高临下地俯视着别人，这些人都是奥康纳嘲弄和批判的对象。

（二）

除了知识分子这一典型人物形象以外，奥康纳还塑造了不少令人难忘的女农场主形象。她们普遍有着不错的经济能力，也因此而自认为高人一等，虽然如此，她们内心却因为各种羁绊而从未真正幸福。如《格林利夫》中的梅太太，憎恨她的雇工格林利夫，认为他好吃懒做，毫无教养，格林利夫的妻子更是邋遢不堪，因此梅太太心里有着绝对的优越感。可是令她不解的是，他竟养了两个优秀的儿子，还建了一个环境极好的大农场，比自己的两个儿子有尊严得多。这令她极其不平衡，每天都在对格林利夫的憎恨和嫉妒中度过。《启示》中的特平太太是一位更加优越感外露的农场主，在一间小小的候诊室不断与别人谈论着自己的个性是多么大方得体，对黑人多么尊重，农场经营得多么好，庆幸上帝没有让她成为白人垃圾或者黑人垃圾。

除了知识分子和女农场主，奥康纳还刻画了许多个性乖张怪异的人物形象：《善良的乡下人》里起初装作谦卑恭敬，最后却骗取了女博士乔伊假肢的圣经推销员；《好人难寻》里无论后辈到哪儿都要跟着，自认为有品位、有美德的老太太；《暴力夺取》中为了给傻小孩施洗而淹死的塔沃特；等等。

奥康纳最后都为这些人物选择了或暴力或邪恶的结局：《上升的一切必将汇合》中，当母亲最后被打倒在地上时，一贯对母亲冷嘲热讽的朱利安像个小孩儿一样喊着“妈妈！妈妈！”；《久久的寒意》中，阿斯伯里最终没能实现想在死前完成的与神父、黑人的悲壮高深的谈话，想要给母亲沉重打击的那封信也没能被她读到；“善良的乡下人”中自作聪明想玩弄波恩特感情的乔伊最终反被波恩特骗走了假腿；《格林利夫》中，梅太太忍无可忍决定杀掉格林利夫儿子的屡屡越界的公牛时，却反被公牛的一只角刺穿心脏而死；《启示》中，当特平太太还自鸣得意沉浸在自己是如此受到上帝眷顾的时候，候诊室里的“丑姑娘”突然将手中的书狠狠地砸向她，并骂道“回你来的地狱去吧，你这头老疣猪”(646)。“有品位、有美德”的老太太最终被“格格不入者”在胸口连开三枪毙命……

奥康纳在刻画这些怪异的人物时显然是没有任何同情的。有评论家这样说道，“奥康纳对于人以及人类社会持一种不可思议的极端疏远的冷漠态度，犹如一位站在高高云端之上的神俯看人间。对她来说，那遥远的‘下界’中的忙忙碌碌的人类如群蚁”①。事实上，怎样能拯救这些看似体面的自视高人一等的人，怎样让他们醒悟过来、感受到上帝的恩典才是奥康纳小说的主题，刻画这些性格怪异、乖张的人物形象都是为这个目的服务的。与大部分其他作家不同的是，为了达到这个目的，她并没有选择温和、理智、读者容易接受的方式，而总是用突如其来的暴力给他们，也给读者以启示。在给一位对她作品表示不满的评论家的信中，她写道，“我认为你所指出的小说中的缺点，恰恰就是小说的优点所在。我写的可不是什么传统小说，我认为我的小说的品质来自我的写作经验的某种特殊性或独一无二”②。在同朋友提及自己的作品因为此种特殊的暴力形式尤其被女性排斥、让她们感到不悦时，她居然表示这反倒令她很开心，可见奥康纳对自己的写作方式是非常坚持的。

除了短篇小说，奥康纳的两部长篇小说《智血》和《暴力夺取》也充斥着同样的暴力、死亡和邪恶。《暴力夺取》中本打算挖坟埋葬舅姥爷的塔沃特最后却选择用一把火烧掉尸体和房子，“火焰在他身后贪婪地吞噬着易燃物和房子的地板。他头也不回地穿过院子的前半部分和庄稼地中间的小路……”③后来，为了给舅舅的傻儿子施洗，塔沃特更是直接淹死了他。《智血》中黑兹尔为了报复打扮得与他一模一样的“先知”，跟踪他到郊外，勒令他脱下所有和自己一样的衣服。“‘先知’吓坏了，拔腿一路狂奔……可还没等他够着鞋，埃塞克斯就已经把他撞倒，从他身上碾了过去。黑兹尔向前冲出二十多英尺才停下来，接着又向后倒车，再次从那人身上碾过。”④

在解释自己为什么热衷描写暴力情节时，奥康纳说，“你得用惊骇的方式把你所见的凸显出来，对于耳背者你要大喊，对于近乎失明者，

---

① 黄梅：“弗兰纳里·奥康纳”，《美国当代小说家论》(钱满素编)，中国社会科学出版社，1987 年，第 287 页。

② 奥康纳：《生存的习惯》，马永波译，新星出版社，2012 年，第 65 页。

③ 奥康纳：《暴力夺取》，仲召明译，新星出版社，2011 年，第 43 页。

④ 奥康纳：《智血》，蔡亦默译，新星出版社，2010 年，第 187-188 页。

你要画大而惊人的图像”①。“暴力有一种奇异的力量，能使我的人物回归现实，并准备他们接受恩典的时刻。他们的思想如此顽固，几乎没有别的形式能起到这种作用。”②她认为只有通过这种极具震撼力的艺术形式，才能让她笔下那些宗教上的盲者以及读者感受到超越人类理性及思考的奥秘，才能带给人们以上帝的启示。她认为理性的温和的方式不足以达到她设想的效果，理性主义更是人类骄傲自大、以自我为中心的表现。推崇暴力和邪恶，用如此极端的方式创作，使奥康纳带上了明显的反理性主义倾向。

除了透露出非理性主义的倾向，奥康纳的创作还总是指向人们难以理解的“奥秘”。在《帕克的背》中，男主人公帕克酷爱刺青，却总被妻子讽刺，为了让妻子对自己顶礼膜拜，帕克决定在肩膀上刺一块她无法反对的刺青——上帝的画像，而当他得意洋洋地回到家露出刺青时，妻子居然拿起扫帚痛打他的肩膀，因为在妻子看来，上帝没有样子，他是灵，没有人可以看到他的脸。而平时凶悍的他此时居然没有反抗，任她抽打，最后更是倚着一棵树，“像婴儿一样哭泣”。在《瘸子应该先进去》中，谢泼德自诩有一颗无私的高尚的心，企图帮助一个教养院的小孩儿约翰逊，但他不顾约翰逊内心真正的想法，只一味把自己的计划强加到他身上，“我希望看见你最大限度地发挥自己的智力”“你那么聪明，居然给了我这样一个答案”③。他总是不断强调约翰逊的智慧，把这看成一件极其了不起的事，无奈这与小孩心里的想法背道而驰，在屡屡接受谢泼德的“教育”后，约翰逊忍无可忍地讽刺道：“他以为自己是耶稣基督！”无数次的碰壁并没有瓦解谢泼德想“帮助”约翰逊的决心，他不让约翰逊离开，直截了当地说“我要拯救你”，而约翰逊的反应向

---

① Flannery O'Connor: “The Fiction Writer and his Country”, *Mystery and Manners*, Sally and Rober Fitzgerald(eds.), Farra, Straus and Giroux, 1969, p. 34.

② 同上，p. 112。

③ 弗兰纳里·奥康纳：《上升的一切必将汇合》，仲召明译，新星出版社，2012年，第170页。

我们展示了奥康纳此篇小说的主旨：他咬牙切齿地回答说，“拯救你自己吧，除了耶稣，没有人能拯救我”①。最终谢泼德不仅没能“拯救”约翰逊，反倒丧失了自己的宝贵儿子，故事以悲剧收场。奥康纳借这些作品告诉我们：上帝是否存在、是什么样的、住在哪儿是不需要被学理证明的，我们可以做的只有体认和感悟，更不要妄想自己可以与上帝比肩，一切认为自己可以代替上帝拯救别人的行为都是自取其辱。这样的思想向我们揭示着奥康纳的神秘主义倾向。

非理性主义否定或限制理性在认识中的作用，认为理性从来都不能带我们抵达真理，无法真正拯救人类，而这种否定理性思考、贬低逻辑与反智主义的思想有颇多相似之处。神秘主义则认为没有人可以通过理智认识上帝、证明上帝，甚至化身为上帝，我们能做的只有等待上帝的拯救，否则便是不自量力，只能以毁灭告终。奥康纳认为智慧是上帝赠与每个人的礼物，“是上帝的馈赠，是一种责任，智力从来都只是生命中的一个因素，而绝不是实质”②。如果人类过于看重智力，甚至觉得因此自己可以和上帝一样伟大，那就是狂妄和无知，这与反智主义中反对人类把运用智慧作为生活方式不谋而合。这一点在奥康纳对待知识分子的态度上体现得尤为明显。在她看来，知识分子没有感恩之心，处处看不起没有知识的人，认为自己才是天之骄子，她总在结尾处给他们以沉重打击，以此暗示正是他们所谓的“知识”“真理”“智慧”才导致他们走向了真正的无知、虚妄和毁灭。“知识分子是奥康纳作品中最突出的一群宗教上的盲行者。知识蒙蔽了他们的势力，在奥康纳的眼中，他们比目不识丁者更远离真理。执着于知识不但不能拯救自身于邪恶之中，相反，目无神明的自负和骄傲使哲学家与上帝的无限光明隔绝。”③

---

① 弗兰纳里·奥康纳：《上升的一切必将汇合》，仲召明译，新星出版社，2012年，第170页。

② 黄宇洁：《神光沐浴下的再生——美国作家奥康纳研究》，中国社会科学出版社，2010年，第15页。

③ 同上，第170页。

可见，奥康纳对所谓的知识分子并无好感，对知识更无赞扬，这完全符合了霍夫斯塔特所定义的反智主义。"反智主义就是人们对用'头脑'生活和那些代表着这种生活的人的憎恨和怀疑，以及总是贬低此种生活价值的倾向。"①这与启蒙运动以来看重人类自身的智慧，神学开始提倡从人出发寻找上帝的合理性完全相悖，可见神秘主义所体现出的对知识或智慧的贬低也与反智主义思想一致。对理性主义的反感态度和对神秘主义的推崇都表明了奥康纳带有明显的反智主义倾向。

而这些思想的根源，恐怕都与她的宗教信仰息息相关。事实上，奥康纳是一位虔诚的天主教徒，虽然她成长在有更多新教徒的南方，但因为出生在天主教家庭，她从小就坚定地信仰天主教，她几乎所有的作品都带着宗教烙印。她曾明确说，"我从基督教正统的立场来观察事物，这意味着对我来说，生活的意义集中在基督对我们的救赎上面，我是在世界与救赎的关系上来看待世界的"②。

她是一位坚定的信仰者，"信仰不需要学理论证，或者说一切玄妙的推论和思辨都无助于达成信仰，在奥康纳启示主义创作思想框架内，理性不是自足的，再精巧的论证也不能达到信仰。奥康纳的这种毫不含糊的启示主义表达在现代文学的雄辩论证的锲而不舍的探索思辨中，有时显得毫无道理，在此'信'排除了理性"③。在神学当中一直互相对抗着的启示和理智，奥康纳明显站在了启示一边，这就是前文所说到的神秘主义色彩。

奥康纳几乎所有的作品中都流露出对这样一些人的无情批判：自以为高人一等的人，太把知识和智慧当回事的人，无视上帝甚至觉得自己

① Richard Hofstadter: *Anti-Intellectualism in American Life*, Alfred A. Knopf, Inc., 1963, p. 7.

② 弗兰纳里·奥康纳：《生存的习惯》，马永波译，新星出版社，2012 年，第 6 页。

③ 黄宇洁：《神光沐浴下的再生——美国作家奥康纳研究》，中国社会科学出版社，2010 年，第 35 页。

就是上帝的人。为了达到对这些人的讽刺，她总是用一种极端的在我们看来“不文明”的方式设定故事的结局。奥康纳说，“我所有的故事都是关于恩典降临到一个不愿意接受它的人物的身上”①。她的艺术表达方式都包含在她的宗教观中，而她的反智倾向归根结底也是由此而来。奥康纳塑造的所有形象最后都是为了说明上帝的伟大以及人类的自以为是。所谓的有理性、有智慧其实都是人类的狂妄自大，在上帝面前，我们什么也算不上，我们所能做的，只是虔诚地匍伏在上帝的脚下等待着他的救赎。这与启蒙运动以来所推崇的人类可以用理智认识世界，用科技方法研究问题，用唯物论反对宗教迷信的思想大相径庭。把人类的智慧、主观认知、逻辑思辨贬低到如此程度，深刻反映了奥康纳的反智主义思想。

① Flannery O'Connor：A Reason to Write，*Spiritual Writing*. Robert Ellsberg (ed.)，Orbis Books，2003，p. 135.

第九章　人物塑造和情节设置中的反智思想[1]

现以《睡谷传奇》和《欲望街车》为样本，着重探讨一下隐含其中的反智主义倾向。通过详细的文本分析发现，反智主义倾向集中体现在作品中对知识分子形象的刻画和知识分子与非知识分子冲突的情节设置上。

（一）

华盛顿·欧文创作了一系列脍炙人口的短篇小说，其中以《瑞普·凡·温克尔》和《睡谷传奇》最为著名。《睡谷传奇》中，来自纽约的青年教师艾克波德·克瑞恩和年轻、健壮的乡村小伙布鲁姆·冯·布朗特为获得美丽的乡村姑娘卡特琳娜的爱情而展开了一场竞争。

艾克波德爱上了富裕农场主的独生女卡特琳娜。为了赢得自己的心上人，他经常去卡特琳娜家看望她，也因为懂音乐和卡特琳娜有更多的接触机会。于是，在赛马比赛中总能获奖的布鲁姆似乎离爱情越来越远，甚至在卡特琳娜家的聚会上，他也只能孤独而忧伤地坐在一旁看着自己的心上人和艾克波德翩翩起舞。就在人们都以为布鲁姆在这场爱情竞赛中即将败北之时，艾克波德却在舞会的当天晚上神秘地从泰瑞镇消失了，人们只在河谷发现了他出席舞会时戴过的旧礼帽和摔烂的南瓜。

---

① 本章发表在《英语广场(学术研究)》2011 年第 2 期上，收录时略有修改。

想到河谷里有关无头骑士的可怕传说，大家推测可怜的艾克波德应该是被无头骑士抓走了。最终卡特琳娜嫁给了布鲁姆，小伙子得到了自己梦寐以求的爱情。但是人们永远不会知道那天晚会结束后在河谷里发生了什么，也不明白为什么一提起艾克波德落下的礼帽和摔烂的南瓜布鲁姆就会哈哈大笑。

艾克波德来自纽约，是见过世面的知识分子，但他的形象却并非积极正面的。

首先，从艾克波德的名字以及关于他的外表描写可以看出作家欧文对艾克波德是持否定态度的。这位博学多才的青年教师居然姓“Crane”（鹤），而他的长相也确实与鹤相差无几：

> 艾克波德·克瑞恩这个名字对他来说名副其实，因为在英语中“克瑞恩”就是“鹤”的意思，而他本人看起来就像一只鹤，人又高又瘦，肩膀窄窄，脚长手长。衣袖比起胳膊短了一大截，他的脚则像极了铲形宽边帽，他那整个身子骨儿以最松散的方式挂在一起。他的头也很小，顶上扁平，耳朵很大，长着一双呆滞无神的绿色眼睛，还有一个长长鹬嘴般的鼻子，这样他的头看起来像个风向标，停放在细长的脖子上来指示风的方向……人们会以为他是降临人世的饥荒之神，或者是玉米地里私逃出来的稻草人。①

这段描写给读者留下了深刻的印象。很显然，作家欧文并不喜欢这个被许多当地妇女看好的教师，讽刺、挖苦之情溢于言表。

艾克波德的行为举止也是滑稽可笑的。在卡特琳娜家的聚会上，欧文是这样描写艾克波德的舞姿的：

> 艾克波德得意于自己的舞姿，就像他得意于自己的歌喉一样。

① 本章中引用的译文均参照相关译文由本书作者重新翻译。

他的四肢和周身的细胞没有一个是闲着的；看着他空荡荡的身体在使劲舞动着，绕着屋子卡塔卡塔作响地跳着，你会想到圣维特本人……

圣维特是神话传说中古代西西里岛上一个贵族公子，患狂舞病，整日手脚狂舞不停。英语中“Saint Vitus Dance”专指舞蹈病，该病患者会不由自主地抽搐、舞蹈。通过这段描写，艾克波德的滑稽可笑跃然纸上。

外表的滑稽、可笑与其内心的贪婪、自私相辅相成。艾克波德对卡特琳娜家财富的觊觎耐人寻味：

狂喜不已的艾克波德胡思乱想着，他转动着大眼睛瞅着凡·塔塞尔温暖房舍周围的丰茂的草场，肥沃的麦田、乔麦地、玉米地以及挂满红润果实的果园，他的心渴望着将要继承这些产业的女孩。他想入非非，想象着如何将这些轻易地变成现钱，然后又如何用这些钱投资购买大片未开发的土地，在荒野中建造木瓦宫殿。

其次，《睡谷传奇》中艾克波德和布鲁姆之间的冲突其实就是知识分子与非知识分子之间的冲突。艾克波德代表的是刻板、怯懦的知识分子形象，而布鲁姆则代表了强壮、灵活的非知识分子形象，当两者相遇时，失败的是作为知识分子的艾克波德。

艾克波德的知识分子身份是确切无疑的，他靠教书为生，还懂音乐：

除了教书之外，他还是这个地区的歌咏老师，教那些年轻人唱教堂歌曲时还额外挣点钱。礼拜天，他非常骄傲地在教堂里站在他选出的一组歌手面前。在他看来，在这里他所起的作用比牧师所做的任何事情更有价值。

艾克波德虽然是知识分子，但却愚昧、无知，竟然相信无头鬼的故事。而布鲁姆充满了实用的智慧，毫不费力地就击败了对手。实用主义的智慧比迂腐的书本知识高明，这是反智主义的本质。他们之间的冲突暗示着这样一种现实，即在知识分子和非知识分子发生冲突时，非知识分子能更灵活、更实用地运用知识来战胜迂腐的知识分子：

> 艾克波德纵马跨上木桥，桥板发出巨大的回响声。他来到桥对面，转过来向后看。就在这时，那个鬼跳到马鞍上，把他的头向艾克波德扔来。"咣"的一声，鬼的头打中了这个教师的头。他重重地倒了下来。"火药"，那匹黑马，还有无头骑士像风样一掠而过。

知识分子艾克波德滑稽、可笑的形象，以及艾克波德与布鲁姆发生冲突并最终后者胜出的情节，从侧面反映了作家欧文的反智主义倾向。

（二）

《欲望街车》是一个男人和一个女人之间的冲突引发的悲剧，也是一个柔弱、敏感的知识分子和强壮、粗野的非知识分子发生冲突并以前者的完败而告终的故事。

戏剧初始，剧作家在新奥尔良"风吹日晒已变成灰色"的贫穷社区"天堂福地"里，营造了一幅田园牧歌般美丽的氛围，迎接布兰奇的出场，这种反差意味着布兰奇的与众不同："这是五月初傍晚天刚黑的时候。衬着朦朦胧胧的白色楼房的天空呈现出特别温柔的蓝色，几乎是蓝绿色的，使景色增添了些许抒情的味道，优雅地冲淡了落日的气氛。"①

① Tennessee Williams: *A Streetcar Named Desire*, Penguin Books, 1957, p. 1. 以下引文均译自此版本。

蓝色暗示着布兰奇是亮色调的，她的名字也体现了这一点，布兰奇(Blanche)在法语中是“白色的”意思。她一袭白色的装扮完美地诠释了“布兰奇”的含义：

> 一身考究的装扮，全白洋装胸口缀满荷叶花边，配上珍珠项链与耳环，白帽搭配白手套，看起来像是去赴一个花园的夏日茶会或鸡尾酒会。她比斯特拉大差不多五岁。她的美有一种不能受强光曝照的精致。(3)

布兰奇的优雅源于她的教育和她浸淫其中的南方贵族传统。原本她父母出身贵族，在密西西比拥有一个叫作贝尔立夫的庄园，庄园里有座“有白柱子的大房子”(5)。她受过良好的教育，是一位英文教师，会讲法语，也是个有教养的女人。用她自己的话说：

> 一个有文化的女人，聪明而有教养的女人，可以使一个男人生活丰富——这点真是不可估量！这些优点我全可以奉献，而且不会消失。形体的美是会逐渐消失的，那是昙花一现的东西。可是心灵的美，精神的丰富，内心的温存——这些优点我都具备——但别人夺不去，反而会滋长！它们会与年俱增！多奇怪，居然把我叫作一贫如洗的女人！可我心里却珍藏着所有这一切财富。(93)

她的语言规范，常常富有节奏和诗意。在和妹妹谈论失去的贝尔立夫庄园时，布兰奇有段经典的台词：

> 我，我，我身心都受到打击！接二连三有人死去！到墓地的长长的出殡队伍！父亲，母亲！玛格丽特，那副可怕的样子！她个子多大，都装不进棺材！只好像烧垃圾那样烧掉！你回家刚好赶上安葬，斯特拉。出殡比送终好多了。出殡时静悄悄，而临终呢——可

> 不一定。有时他们喘着粗气，有时喉咙格格作响，有时甚至冲着你大叫："别让我去呀！"连老的有时也说："别让我去。"好像你有能耐留得住他们！可出殡是静悄悄的，还有美丽的花卉。还有，哦，他们入殓的棺木多么华丽漂亮！他们大喊"救命"的时候，除非你在床前，否则你绝不会知道临死咽气和溢血那股难受劲儿。你做梦也想不到，可我却看见了！看见了！看见了！而你现在坐在那儿用那副眼神责怪我把那块地方丢掉了！你以为所有这些疾病和死亡要付出多大代价？(12)

这段话富有节奏，头几句里用了 face，parade，way 三个元音相同的词，听起来像是押韵的短诗。"打击""墓地""死""可怕"等词的运用，则勾勒出一幅可怕的死亡意象。

同样，第十场谈到米奇的一段台词也具有类似的节奏感。"他带了一盒玫瑰花回来，请求我原谅！他恳求我原谅。但是有的事情是没法原谅的。对人故意狠心是没法原谅的。"(93)此处布兰奇用了四个"原谅"，不仅使台词富有节奏，也表达了她内心的挫折感和愤怒。

不仅如此，布兰奇敏感而富有想象力。剧末，即便是受尽羞辱、梦想幻灭、备受折磨的时候，她依然渴望一个纯洁的世界：

> 我可以闻到海的气味，今后我要在海边度过余生。我死的时候，我要死在海上。……我将安葬在海上，先把我缝进一只洁白的口袋里，然后在中午的时候——从甲板上推下去——在夏日炎炎的阳光里——落入蔚蓝的大海，(钟声又响起来)它蓝得像我第一个情人的眼睛。(102)

但是有时布兰奇弄不清现实与想象之间的界限，她的生活中充满着白日梦。在写给朋友的信中，她虚构了一幅富人的奢华生活："亲爱的谢普，我正在度暑假，坐飞机飞来飞去。谁知道，也许我会忽然灵机一动，光临达拉斯呢！”她接着说：“我妹妹的朋友大多去北方避暑，但是有的人家在墨西哥湾，在那边轮流接待，举行茶会、鸡尾酒会和午餐会——”(49)

形成对照的是，布兰奇的对手斯丹利却是一种完全不同类型的人，他四肢发达、精力充沛、粗俗不堪：

> 他中等身材，身高五英尺八九英寸，长得粗壮结实；他的举动和态度处处含蓄地表现出动物般的欢乐。自从成年，他生活的中心就一直是女色之乐，男欢女爱，相得益彰，毫不节制，像母鸡群中的一只羽毛丰满的公鸡。从这个完整的、令人满意的生活中心引申出来的是其他的一些生活轨迹：如他对待男子的热心，对粗俗笑话的欣赏，对美酒佳肴、娱乐以及摆弄汽车和收音机等的嗜好。他爱好一切属于他自己的东西，一切象征他花哨的情场老手身份的东西。(13)

剧作家对于斯丹利的描述与布兰奇有着显著的差别，在写布兰奇的装束外貌时，他着重突出了布兰奇的高贵装扮，而写斯丹利时则突出了他的身材，这样的差异反映出在作者眼中这两个人代表的是不同的群体和本质：知识分子可能更在意外在的装扮和体面，而非知识分子就是最自然本真的样子，也不必惺惺作态。

但斯丹利粗壮的外表和充满野性的生命活力是具有欺骗性的，看似简单的外表下面掩藏着动物般的精明、狡黠和残忍。柔弱的布兰奇在他的面前不堪一击。

布兰奇和斯丹利的矛盾冲突是由外及里，一步一步展开的。一开始，布兰奇显得和斯丹利生活的环境格格不入，“她的外表与周遭完全不相称”“看起来像是去赴一个花园的夏日茶会或鸡尾酒会”。她不敢相信妹妹居然生活在这样的环境中，“露出惊愕不相信的神情”(3)。

出于一种对自己出身的优越感，布兰奇还未见到斯丹利时就不喜欢他，瞧不起他。当妹妹告诉她斯丹利是波兰人时，布兰奇说，“他们和爱尔兰人有点相似，是吗？……只是不大高雅？”(9)斯丹利和布兰奇为了“失去的”庄园开展第一轮较量之前，他们讨论了女人的话题，斯丹利的语言粗鲁而直接，这让布兰奇惊讶，她说，“你既简单、直率又诚实，还多少有点粗野”(21)。在第三场，布兰奇和妹妹谈到斯丹利时说，“抱歉，我甚至在斯丹利的额头上也没注意到天才的印记”(30)。斯丹利殴打妻子之后，布兰奇的偏见和优越感得以淋漓尽致地发挥，在妹妹前面对斯丹利进行了无情的言语攻击：“你嫁给了一个疯子”(42)，“这样一个男人能给你的是兽性的力量，他已经很好地展示了这一点。和这样的男人一起生活的唯一办法就是——和他睡觉”(45)。当妹妹说她爱斯丹利时，布兰奇说：“那么，我为你发抖！我只是——为你发抖”(46)，“他有点彻头彻尾的——兽性！”(47)“兽”和“兽性”是布兰奇评价斯丹利的两个关键词：

他的行为像个动物，有动物的习惯！说话都像禽兽！对了，甚至还有点——低于人类——有点还没开化成人的程度！对了，他有点——猿人的东西，像我在电影里看到的猿人——人类学研究的东西！多少万年从他身边逝去，他——斯丹利·柯华尔斯基——就是石器时代的幸存者！他在林莽中厮杀，夺了生肉搬回家来！而你——你在这儿——等着他！也许他会打你，也许会发牢骚或者吻吻你！那是说如果已经发明了接吻的话！天一黑，其他的猿人也都聚在一起，就在山洞前面，像他一样哼哼唧唧，大吃大喝，笨手笨脚！你所谓——他的扑克牌会，也就是猿人晚会！有的猿啼——有的抢东西——打起架来了！天啊！也许要我们变成上帝希望的那个样子，还有很大的差距，可是斯特拉，我的妹妹——打那时候到现在也取得了一些进步呀！例如艺术——诗歌和音乐——此后世界上已经有了这类的文化了呀！对某种类型的人来说，细腻的感情已经初步具备了。我们必须促进他的发展！而且还要紧抓不放，把它当

> 作我们的旗帜树起来！在这样的黑暗进军中，不管我们向什么地方迈进……也不要——不要死守那些野蛮人，和他们一起落在后面！(47)

但是，布兰奇的“我们必须促进他的发展”的愿望只是一厢情愿，在他们第一次关于财产和“拿破仑法令”的正面交锋中，布兰奇就败下阵来。斯丹利怀疑布兰奇变卖了贝尔立夫庄园，他要她交出相关文件，因为根据路易斯安那州的“拿破仑法令”，属于他妻子的财产同样也属于他。对布兰奇而言，贝尔立夫庄园给她的只有痛苦的经历和回忆，但她还是屈从了斯丹利的意志，拿出文件。“她现在似乎疲惫得要晕过去，她坐了下来，抱着那个结实盒子，戴上眼镜，开始有条不紊地翻弄着一大堆文件。”(24)而对斯丹利而言，贝尔立夫庄园是一笔财产，他虽然粗鲁，但却精通世故。斯丹利对贝尔立夫庄园财产的主张同时也具有象征意义，象征着斯丹利对布兰奇的征服。

在随后的争吵中，斯丹利不顾妻子的阻拦，把布兰奇箱子里的衣物、首饰翻了个底朝天，这一情节同样具有象征意义。布兰奇漂亮的衣服和首饰象征着体面和高贵，也是她曾经美好过去的见证。斯丹利的粗暴行为使这些她珍重的外在东西变得一钱不值，是对她内心最柔弱部分的赤裸裸的入侵。随着故事的发展，斯丹利最终找到证据证明布兰奇是不清白的，并摧毁了她和米奇缔结良缘的梦想。从对她精神的入侵到最后对她肉体的侵害，斯丹利最终彻底摧毁了布兰奇。

《欲望街车》中布兰奇和斯丹利的冲突既是两种文明、两种文化之间的冲突，也是以布兰奇代表的知识分子和以斯丹利代表的非知识分子之间的冲突。冲突的最终结局的象征意义不言而喻，具有微妙的反智主义色彩。

第十章　一无所知的波西米亚人[①]

诺曼·坡德霍瑞兹

大约一年前，艾伦·金斯伯格的诗集《嚎叫》在一片嚎叫声中引发了旧金山文艺复兴。这本诗集是献给杰克·克鲁亚克、威廉·巴勒斯和尼尔·卡萨迪的。克鲁亚克是“美国散文的新佛陀，他才思泉涌，在五年半时间里写了11本书……开创了自发式波普散文和原创经典文学”；威廉·巴勒斯是《裸体午餐》的作者，“这部小说漫无目的，让人抓狂”；尼尔·卡萨迪是《第一个三分之一》的作者，“这部自传……启示了佛陀”。迄今为止，《裸体午餐》一直无法找到出版商，省去了大家为之抓狂的烦恼。我们也可能永远没有机会发现佛陀从尼尔·卡萨迪的自传中学到了什么。然而，多亏维京出版社和格罗夫出版社，克鲁亚克的两部原创经典著作《在路上》和《地下人》得以公之于世。《在路上》去年问世时，吉尔伯特·米尔斯坦在《纽约时报》上宣称这是一个“历史性事件”，足以与20世纪20年代《太阳照常升起》的出版相媲美。然而，早在这本小说正式出版之前，就有传闻说克鲁亚克是一个自称“垮掉的一代”的反叛者和波西米亚人新团体的代言人。一时间，他自带镜头感的照片（胡子拉碴，浓密的黑发放荡不羁地搭在头上）被各种大众杂志争相刊

① 徐贞译。原文刊载在《党派评论》1958年第25卷。翻译收录得到了版权所有者波士顿大学的认可。文中引用于《在路上》和《地下人》的引文的译文借用王永年翻译的《在路上》（上海译文出版社，2020年）和金衡山翻译的《地下人·皮克》（上海译文出版社，2015年）。部分稍有改动。

载；他煞有介事地接受采访，在荧屏上抛头露面；他还是格林威治村一家夜总会活动的主角，伴着爵士乐，以旧金山读诗会的时髦方式朗诵他的自发式波普诗歌。

尽管传闻夜总会的读诗活动搞砸了，但是《在路上》却非常受欢迎，连续数周蝉联畅销书榜单，个中原因不难理解。美国人深爱表征性文献，在这个“社会学时代”，还有什么比能为“年轻一代”代言的小说更有趣的呢？(读者对35岁左右的克鲁亚克宽宏大量，没有在年纪上为难他。)然而，除此以外，依我看，战后文学作品中所表达的体面和“成熟”已名声狼藉，很多人深受其扰。“垮掉的一代”的出现能在一定程度上减轻这种困扰，因而备受青睐。这才是生活的样子：不安、叛逆、迷茫的青年人自我放飞，而不是像羸弱、秃顶、保守的教师们那样，一边写着讽刺诗，一边还要给婴儿换尿布。如今，波西米亚主义并不是特别流行，但是波希米亚形象却仍然有着强大的吸引力。尤其在郊区，充斥着这样一些男男女女，他们觉得自己过于安分，并为此感到惴惴不安，视波西米亚主义为英雄之路。小说《初恋》(*Marjorie Morningstar*)的目的就是向马罗内克①的新婚夫妇们证明，他们的生活远比格林威治村那些表面光鲜、不切实际的空想家们要好得多。作者沃克不遗余力地想让人接受他这种观点，这本身就是一个非常强烈的信号，说明人们对此普遍表示怀疑。

至少，表面看来，《在路上》中的波希米亚主义很有吸引力。这里有一帮朝气蓬勃的年轻人，他们在全国各地跑来跑去(大多是搭便车，有时开自己的二手车)，在纽约、丹佛和旧金山参加“狂野”派对，过着捉襟见肘的日子(领一份退伍军人教育津贴，偶尔从好心的姑妈那里拿到50美元，干点打字员、水果采摘工、停车场服务员之类的零工)，热烈地谈论着爱、上帝与救赎，抽大麻(但从来不碰海洛因和可卡因)，

① 纽约富人住宅区之一，译者注。

在拥挤的小酒吧里兴奋地听着爵士乐，随心所欲地与漂亮女孩们睡觉。书中也时不时流露出悲观与忧郁，但克鲁亚克的主旋律是热情和活力。

> 我们在路边停下来吃点东西。牛仔走开去补一个备胎，埃迪和我在家常小餐馆坐下来。我忽然听到一阵世间少有的响亮的笑声，紧接着，这个粗犷的内布拉斯加老农带了一批人走进小餐馆；你可以听到他刺耳的叫喊声响彻平原，响彻他们整个灰蒙蒙的世界。别的人都跟他一起大笑。世界上什么事都不会让他烦心，他对每个人都非常关心。我心想：哇，听那人开怀的笑声。那就是西部，我就在西部。他风风火火地进了餐馆，嘴里叫着茂的名字。在内布拉斯加，数茂做的樱桃馅饼最好吃，她给了我一块，上面还舀了一大勺冰淇淋。“茂，赶紧给我弄点吃的，不然我要把自己生吞活剥吃掉了。”他一屁股坐在凳子上，呵呵地笑起来。“再给我加一点煮豆子。”坐在我旁边的人就是西部精神的化身。我真希望了解他的生平，除了那样大笑和嚷嚷之外，他还做些什么。真有劲，我对自己说，这时牛仔回来了，我们一起出发去大岛。

克鲁亚克对这位内布拉斯加农民的描写热情洋溢，部分原因是因为他通常愿意在简朴的乡村人群和无依无靠的城市群体(黑人，流浪汉，妓女)身上寻找所有生命力与美德的泉源。他在纽约对生活的感受是“数百万居民为了钱而你争我夺……掠夺、攫取、给予、叹息、死亡，只为了葬身于长岛市以外可怕的墓地城市”，而生活在美国其他地区的人几乎无一例外都过着实实在在的生活。这里隐现着无知的民粹主义感伤，但在其他方面，这种态度与纳尔逊·艾格林(Nelson Algren)所笃信的非常相似，即流浪汉、妓女和瘾君子比白领工人或公务员更引人关注。不同之处在于，艾格林厌恶中产阶级的体面是出于道德和政治原因，他认为中产阶级是剥削者和压迫者，而克鲁亚克则全然不关心政治，他似乎认为体面并非道德腐败的标志，而是精神死亡的标志。正如《在路上》

的叙述者萨尔·帕拉蒂斯所言，“让我感兴趣的人只有那些疯疯癫癫的人，他们疯狂地生活，疯狂地谈话，同时希望得到所有的东西，从不渴求或者谈论平庸的东西……他们像罗马焰火筒那样在夜空中燃烧、喷发灿烂的火焰……”对情感强度极大重视，认为外界刺激下的狂喜是所有人类境遇中最令人神往的事情，这种观点是“垮掉的一代”精神的内核，并将其与过去的波西米亚主义彻底区分开。

20世纪20年代，波西米亚主义代表了对偏狭、庸俗以及道德虚伪的美国生活的否定。顺便说一下，从本质上而言，这种生活的基调仍然是小镇和乡村式的。换句话说，波西米亚是一场以文明的名义而开创的运动，其理想是智性、教化和精神修养。20世纪20年代，代表性的文学巨匠是中西部人(海明威、菲茨杰拉德、辛克莱·刘易斯、艾略特、庞德)。他们从家乡逃离到纽约或巴黎，寻找一种比俄亥俄州、明尼苏达州或密歇根州更自由、更广阔、更开明的生活方式。20世纪30年代，波西米亚主义呈现出政治激进主义的特有色彩，但这丝毫没有改变20年代对城市化、国际化的偏爱。充其量来说，20世纪30年代的激进主义以深刻的思想严肃性为特征，致力于达成一种社会状态，即文明成果将得到更广泛的使用，并最终为人人所用。

20世纪50年代的波西米亚主义则完全是另外一码事。它敌视文明，崇拜原始主义、本能、能量和“血性”。在某种程度上，这一时期的波西米亚人有着知识分子的喜好，信奉神秘教义、非理性哲学和威尔海姆·赖希①的学说。爵士乐是唯一对新波西米亚人有些用处的艺术，主要因为它具有丰富的多样性。对波普爵士乐语言的偏爱是一种有效手段，一来证明他们坚持不懈地从爵士乐中寻找原始的活力与自发性，二来表达对连贯、理性的话语的藐视。在他们看来，作为思想产物，连贯、理性的话语是死亡的一种形式。清晰地表达自己等于承认你是没有

① 威尔海姆·赖希：美国心理分析学家，主张性自由，相信宇宙能量可以集中体现在个体身上。译者注。

感觉的(因为真正的感受如何能用有句法的语言表达呢?)，你不能对任何事情做出回应(克鲁亚克就是用“哇!”来回应一切)，而且你可能是个无能之辈。

在光谱的另一端，这种理念渐渐阴暗起来，演变成暴力、犯罪、静脉毒品注射成瘾和疯狂。艾伦·金斯伯格以其耸人听闻却又具有启示性的诗歌颂扬“天使般神圣的嬉皮士”，为新波西米亚主义中更阴暗的一面代言。相较而言，克鲁亚克则更温和一些，他对暴力没什么兴趣，他所欣赏的犯罪属于无害的那种。《在路上》的主角迪安·莫里亚蒂(Dean Moriarty)有这样一段记录：“十一到十七岁的这段时间，他多半是在管教所里度过的。他的专长是偷汽车，下午追求放学回家的女中学生，开车把她们弄到山区，诱奸她们，然后回到任何一家有空房的旅馆的浴盆里睡觉。”可是，迪安的犯罪行为，正如克鲁亚克所描述的那样，“不会惹人愠怒和嘲笑，而会引起一阵狂野的美国式的喝彩；它有西部情调和西部风味，是来自平原的颂歌，是某些早有预示、姗姗来迟、含有新意的东西(他只为了乱兜风才偷汽车)”。事实上，克鲁亚克所描写的波希米亚群体总体上是相当守法的。在《地下人》中，一群醉汉半夜里偷了一辆手推车，当他们把它放在朋友公寓楼前时，他愤怒地谴责他们，理由是“破坏了我公寓的安全性”。萨尔·帕拉蒂斯(《在路上》) 在工棚担任临时保安的时候，从一个流动工人食堂里偷了一些杂物。他是这样评价此事的：“我突然意识到每个美国人都是天生的小偷”。当然，他这么说是想把自己的偷窃行为变成一种孩子气的恶作剧。尽管如此，犯罪行为对克鲁亚克还是很有吸引力的，这本身比他本人实际上觉得应该控制一下破坏性冲动这一事实更有意义。

性在波西米亚主义中一直有着举足轻重的作用。波西米亚人通过滥交行为，戏剧性地表达挣脱传统道德标准束缚的诉求以及蔑视和挑战性只存在于婚姻且只对家庭负责的观念。与此同时，滥交是为了证明性经验本身的正当性。因此，波西米亚式的性，其“意义”既是社会性的又是个人的，这是波西米亚文明理想的关键要素。这点与“垮掉的一代”

的波西米亚主义形成了鲜明对比。一方面，在《在路上》与《地下人》两部作品中，有相当多的性行为描写。迪安·莫里亚蒂是“新型美国圣徒”，至少部分原因是因为他惊人的性能力。他可以同时满足三个女人，还能随时随地做爱(一次他在车后座和一个女孩亲热，而萨尔·帕拉蒂斯则可怜巴巴地试图在前座睡觉)。当然，萨尔也总是野心勃勃，尽管他不如了不起的迪安那般成功，但他也表现不俗，我张嘴就能说出几个女孩来，在丹佛有一个，公共汽车上也有一个，还有一个是在纽约。不过稍微研究一下，肯定还能找出来更多的。《地下人》的女主角、黑人女孩玛多·福克斯在同一伙人中间脚踏几只船(“这已然是一个乱伦的群体”)，对这种情节安排，我们倾向于认为这没有什么不正常的。但是，这纷纷扰扰的故事情节所表达的意义并不是摆脱常规社会限制和对社会习俗的挑战(和同性恋相关的问题除外，这也是金斯伯格的保留地：在他这代人中，“最杰出的人”毁于美国，“他们任凭神圣的摩托车手顶入后部，然后兴奋地尖叫。他们舔舐别人，也被那些人间的六翼天使和水手爱抚，那是来自大西洋和加勒比海爱的抚慰”)。在克鲁亚克的书中，涉及性的时候，总是伴随着要确立长远关系的长篇大论(在《地下人》中，诗人亚当·穆拉德(Adam Moorad)说：“我真的对她有很强的性冲动，但我不能仅仅因为性冲动而和她上床。我最终要考虑一个大问题，如果我想和一个女孩恋爱，我想要一种长久、固定的关系，而对她我做不到这一点。”)。故事的套路也一样：然后结婚，再然后，当另一个女孩出现时，适时地离婚，再婚。实际上，《在路上》中结婚和离婚的描写和好莱坞电影中一样多(一定是加州风气的原因)。萨尔·帕拉蒂斯告诉我们：“这些年来，我一直在寻找我想与之结婚的女人。每遇到一个女人我总是自问：她能成为什么样的妻子?”更具启示性的是，克鲁亚克否认他的任何一个角色的性爱是放纵淫荡的。无论偶遇是多么机缘巧合，他们对女孩的感情总是美好的。例如，克鲁亚克安排萨尔与丽塔·贝滕考特(Rita Bettencourt)在丹佛偶遇。此前，他们从未谋面。“我们在漆黑的前厅里聊了很长时间，然后我们一起走进卧室。她是一个非常好、非常可爱的姑娘，纯真、朴实，对性生活极其恐惧。我告诉她这是件很美好的事。我想向她证明这一点，她允许我向她证明，但我太耐不住性子了，以至于什么也没证明。她在黑暗中叹了口气。‘你想从生活中得到什么?’我问道。我过去总是问女孩子这个问题。”这种感受令人感动，但仅仅因为叙述者和那个漂亮女孩一样对性感到恐惧。他害怕失败，担心自己会表现得不好，因为关键问题是表现，是持久和“性高潮”，这是男人的首要职责，也是女人的唯一职责。简言之，这里涉及的问题是巨大的性焦虑。这种焦虑明显地表现在《地下人》中，年轻作家莱奥·佩瑟皮耶与黑人女孩玛多·福克斯之间的风流韵事便是如此。尽管这本书本身不承认，但它的确是一本探讨人因为对性的恐惧和战栗而久感痛苦的书。

> 多少个漫漫长夜我和她缠绵在一起，直到最后终于拥有了她，我祈祷拥有那心醉一刻，我听见她越来越急促的喘气声，我抱着一线希望，期待那一刻的到来。这时，从厅房里传来了一个声音(或者是隔壁房间一个醉鬼发出的声音)，她受到了干扰，心思一下散了，不得已笑了起来——但是，当那一刻真的来到时，我听见她哭叫起来，抽泣不止，突然间女性身体电触般的战栗的高潮感觉让她像一个小女孩一样哭泣，呻吟声在夜晚回响，那一刻足足延续了二十秒，当它过去时，她痴痴地说，“哦，为什么不能长一点呢?”“哦，什么时候还会有啊?”——“马上就会再有的，相信我，”我说，“你的感觉已经越来越好了。”

如此原始，如此原发，如此原初，如此幸福。

对于新波西米亚人来说，种族间的友谊和爱情似乎起到了挑战社会的作用，这与性曾在老一辈波西米亚人群体中常常扮演的角色如出一辙。黑人和白人在完全平等的基础上自由交往，没有一丝种族敌对。但那样说又有些词不达意，因为不单单没有种族敌对，还有对“幸福、真诚、喜悦的美国黑人"的积极吹捧。

> 淡紫色的傍晚，我浑身肌肉酸疼，在丹佛第二十七街和韦尔顿街之间的已经上灯的黑人区溜达，希望自己也是黑人，因为我觉得白人世界给我的最好的东西不足以让我入迷，没有足够的生活、欢乐、刺激、罪恶、音乐和足够的黑夜……我希望自己是丹佛的墨西哥人，或者甚至是穷苦的、过分劳累的日本人，什么人都行，只要不是现在这个活得腻味的、理想破灭的"白人"。我一辈子都抱有白人的野心……我经过墨西哥人和黑人家的幽暗的门口；那里传来悄悄的说话声，偶尔可以看到某个神秘的、性感的姑娘的黝黑的膝头；还有玫瑰树后面的男人的黑黢黢的脸。小孩们像睿智的老人那样坐在古老的摇椅上。

要是黑人知道他们自己是如此幸福、如此狂喜，他们一定会觉得简直是天方夜谭。曾经有某些南方的思想家试图让世人相信，旧种植园中奴隶的生活是再好不过的了。我怀疑此后再也没有人能够描绘出比克鲁亚克笔下更充满田园诗意的黑人生活。克鲁亚克对黑人和其他深肤色群体的热爱是与他的原始主义崇拜有关的。事实上，具讽刺意味的是，他认为黑人比白人更单纯、质朴，按照内德·帕尔斯基(Ned Polsky)的说法，是"将黑人类型化的逆向形式"。但是，即使我们承认美国黑人凭借其在我们文化中的地位能够保持一定程度的原始自发性这一事实，但是你也不能从波希米亚黑人身上去找佐证。毕竟，对黑人来说，波西米亚主义是为了进入白人世界的一种手段，没有波希米亚黑人会试图通过和哈莱姆或迪克西兰爵士乐合作来获取身份认同。在克鲁亚克的两部小说中，唯一的黑人主角是玛多·福克斯，她大约和威廉·赖希(Wilhelm Reich)自己一样原始。

有一个不争的事实是，"垮掉的一代"信奉的原始主义首先是反智主义的一个幌子。他们的反智主义态度如此深刻，相比较而言，美国普通民众对知识分子的厌恶似乎无伤大雅。克鲁亚克和他的朋友们喜欢视自己为知识分子(“他们非常聪颖，对庞德了如指掌，但又不装腔作势，也不到处卖弄”)，但这只是新说法的一种形式而已。克鲁亚克所认为的知识分子话语是“正式、完整、熠熠生辉的，没有那种冗长的知识分子腔调”。以下便是一例：

> 我们看见一个小孩朝路过的汽车扔石子。“试想一下，”迪安说，“总有一天，他会打穿某一个人的挡风玻璃，那人会出事故，丢掉性命——起因完全在那个小孩身上。你明白我的意思吗？上帝无疑是存在的。我们行驶在这条路上时，我完全相信我们的一切早已作了安排——就拿你来说吧，你怕握方向盘，”(我讨厌驾驶，非驾驶不可时就特别小心)——“一切自然而然都会顺利，你不会偏离路面，我可以睡觉。再说，我们了解美国，我们在自己的国家；我可以去美国的任何地方，得到我要的东西，因为各个地方都一样，我了解人们，知道他们在干什么。我们有给予，有获取，在难以想象的复杂的甜蜜中曲折行进。”

你明白我的意思吗？正式、完整、熠熠生辉的，没有那种冗长的知识分子腔调，完全没有一丝伪装。“他讲的话让人摸不着头脑，但是他想讲的意思不知何故却纯净清晰”。不知何故。当然，如果你想说的话已经想清楚了，还准确地表达了，就会显得繁复冗杂，矫揉造作。而且，毫无疑问，就会“不知何故”让人摸不着头脑，还明显不纯粹。但是，只要他能把这些平凡的事情结结巴巴地表达出来，又不解其义；只要是他发出了来自灵魂深处的呐喊(因为这些想法不可能来自他的大脑)，他就通过了地道的智性测试。

是什么造就了克鲁亚克的自发式波普爵士乐韵律散文？不能把“韵律”和波普语言本身相混淆，后者词汇有限，以至于你甚至不能用它给送牛奶的写个便条，更不用说写小说。(相比较而言，基础英语是词语的宝库。)然而，克鲁亚克在试图突入敌占区(也就是英语语言)的时候，表达任何事情都通过无能力化用词来保持他对嬉皮士俚语精神的忠诚。他描写物体的唯一方法就是一次又一次使用半打相同的形容词，比如great，tremendous，crazy，mad，wild，也许还有一两个。如果要表达更高的程度，就使用really mad，really crazy，really wild。(顺便说一下，如果表达超过“三”的数量，就一律用“无数的”，这个词在《在路上》中被用过无数次，在《地下人》却没有那么多次。)在表达稍微复杂的情感的段落中，这种词汇的贫乏愈发明显。他通常的策略是使用陈词滥调来掩饰，或者给读者提供含糊的信号。例如：“我看着他；我的眼睛因为尴尬和眼泪而流泪。他依然盯着我。现在他的眼睛空洞，审视着我……有什么东西在我们俩身上发生着。对于我，我突然关心起比我年轻五岁的男人，他的命运将在今后的几年里和我的命运连接在一起。对于他，我只能通过从今以后他对我做的事情来辨别了。”如果你能搞清楚这说的是什么意思，无论是阅读前，阅读中还是阅读后，你就肯定不是个糊涂人。

为了与其民粹主义偏见保持一致，《在路上》的风格既淳朴又抒情。再者，《地下人》的语言往坏里说像是对福克纳的拙劣模仿，主要区别在于福克纳通常会一时心血来潮写出劣质的作品，鸡毛蒜皮的琐事写得又臭又长，而克鲁亚克则由于追求“自发性”而陷入泥潭。严格来说，自发性关乎创作中“感情”的质量，不是写作的质量。当我们说某个作品是自发的，我们就会形成一种印象，认为作者在创作时遣词信手拈来，构思行云流水，情感呼之欲出，行文妙笔生花。克鲁亚克似乎认为自发性是指脑子里想到什么就写什么，想用什么顺序就用什么顺序。他要的不是恰当的词汇(即使他知道什么是恰当的词汇)，而是首先想到的词汇，或者至少是那些最显而易见的词语，它们因情感喷薄而出而不是出于冥思苦想，它们来自“生活”而非“文学”，它们发于直觉而非智性。(要记住，智性是死亡天使。)毫不费力地、“自发”地从强烈的情感汩汩而出的作品从来不会含糊不清。它总会一针见血，一语中的，因为它本就脱胎于具体事物引发的强烈情感。广泛的、普遍的和不懈的热情是超凡感受力和响应力的外在表现，这一观点的源头是把醉酒和吸毒成瘾看作完美的情感活力状态。追求这种热情的结果就是要消灭整个世界，因为如果加油站和落基山脉同样引起人的敬畏与遐想，那么加油站和山脉就会被剥夺其真实性。克鲁亚克对感受的观点只有唯我论才能接受——需要注意的是，唯我论无法将自己与身外的任何事物关联起来。

唯我论恰恰是克鲁亚克小说的特征。《在路上》和《地下人》在内容上的自传性质如此明显，以至于几乎无法把它们作为小说进行讨论。如果自发性确实是一个消解生活与文学之间区别的问题，那么毫无疑问这些作品就是自发性的。“我们出去上车时，贝比脚下一滑，摔了个狗吃屎。可怜的姑娘太劳累了。她的哥哥、蒂姆和我扶她起来。我们上了车；梅杰和贝蒂加入了我们的行列。凄凉的回丹佛之行开始了。”女孩贝比在《在路上》中数次被提及，我们不知道她怎么会过度劳累，即使我们知道也没什么意义，因为她在这本书里根本没有存在的理由。但是克鲁亚克告诉我们，当她走向车时，脚下一滑，摔了个狗吃屎。很难相信克鲁亚克编造了这个细节，他用想象力创造了一个足够真实的现实，真实到连完全没有必要的细节也写进书里。如果确实如此，贝比都能活脱脱从书里走出来。然而，她只是一个名字，克鲁亚克都没有具体描述过她。她出现在书中是因为克鲁亚克去科罗拉多州中心城市时，他一个朋友的姐姐正好出现。在《在路上》书里，贝比滑了一跤是因为那天在去取车的路上她的确摔了一跤。贝比摔跤的细节所表现出来的空洞真实，也适用于《在路上》和《地下人》中几乎所有的事件，发生的事情都没有任何戏剧性的原因。在路上，萨尔·帕拉蒂斯遇到了形形色色的人，有他喜欢的或不喜欢的(很少)。他们随口聊上几句，喝上几杯啤酒，然后各自分开。这一切都如此稀松平常，但于克鲁亚克而言，这永远是最了不起、最狂野、最丰富的。读这两本书时，你感受到一个人在向全世界宣称他活着，然后用每一件琐事来证明。我做过这，我做过那(他在说)。天哪，还说这些是有意义的！因为我回应了！但是如果它有意义，你又如此强烈的回应了，为什么你不能解释它的意义是什么，你又为何要坚持这么做呢？

“垮掉的一代”对原始主义和自发性的崇拜不仅仅是为了掩盖他们对智识的敌意，这种说法是站得住脚的。这种敌意也出于可悲的感觉匮乏。诚然，“垮掉的一代”中的嬉皮士和嬉皮士爱好者都是叛逆者，但是他们并不反叛诸如中产阶级、资本主义甚至道貌岸然者之类的社会和历史范畴的东西。他们的反叛是弱势群体和残缺灵魂的反叛，他们是这样的一帮年轻人：因为无法清晰地思考，所以痛恨那些可以做到的人；因为无法摆脱自我的泥潭，所以要建构感受的新定义，将所有能在这个物质世界里好好生活的人排除在外；因为美国社会中理想的情爱荣耀和现实的情爱压抑之间存在着巨大反差，让他们充满了痛不欲生的性焦虑感；他们梦想着无法企及的完美性高潮，为现实世界所有的性失败寻找借口。不久前，诺曼·梅勒就提出，嬉皮士的崛起可能代表“本世纪第二次革命的第一场风潮，移动的方向不是向前朝着行动和大众理性普及的目标，而是倒退到存在和人类能量的奥秘。”老实说，每当我听到有人谈论本能、存在以及人类能量的奥秘时，我都会感到紧张，因为你知道接下来他就会说暴力很好，然后我开始揣测他是否真的认为用脚踢别人的牙齿或者用刀刺别人的肋骨是值得崇拜的。毕竟，历史——尤其是现代史——告诉我们，原始活力主义的意识形态与对残忍和杀戮的欣赏之间存在密切关系。我之所以这么说，是因为嬉皮士和“垮掉的一代”在精神上殊途同归，鼓舞了穿着皮夹克的年轻野蛮人。近几年来，他们带着弹簧小折刀和自制小手枪狂乱地奔跑。我在想，梅勒是怎么看那些不幸的孩子们的呢？几个月前，这伙人在中央公园光天化日下将一个九岁的男孩用乱石砸死；某年夏天的一天，这伙人又纵火烧死了一个在布鲁克林海滨长椅上打盹的老人；还是这伙人，他们猛地向一个跛足的孩子扑过去，一次又一次肆意刺捅他，即使那个孩子已经死了也不停手。梅勒要是知道这一切，又会怎么评价这伙人呢？这就是他所说的本能的解放和存在的奥秘吗？或许吧！至少他在自己文章的某处说过，那两个猛击糖果店老板头部的十八岁的暴徒是在谋杀一个社会制度，是一种“侵犯私有财产”的行为——这是我听说过的最不道德、最令人毛骨悚然的想法，也意味着嬉皮士主义将引领社会意识形态走向何方。我认为美国中产阶级的无力性与20世纪50年代盛行的青少年犯罪现象之间存在直接联系，但我也认为，青少年犯罪现象产生的原因部分来自这些人对常规情感的憎恶，以及他们尝试用克鲁亚克和金斯伯格在书中所体现的才智来应对这个世界。但是，即使克鲁亚克的书相对温和，还是很容易涉及野蛮行为，因为他的作品中蕴藏着被压抑的呐喊：杀死那些逻辑清晰的知识分子，杀死那些能安静地坐五分钟的人，杀死那些不可理喻的有能力与女人认真交往、从事工作和开拓事业的人。一个头脑正常的人，谁会妄称这与私有财产或中产阶级有关呢？答案是否定的。赞同抑或反对“垮掉的一代”的立场取决于是否接受这样一些观点，即混乱优于精准；无知优于有知；对思维力和识别力的训练是死亡的一种形式；只要是出于“本能”，病态、卑鄙的行为也具有正当性。这个问题甚至与美国流行文化中美化青少年的病态行为有关。换句话说，它取决于对智识采取什么样的立场，是接受还是抛弃。

参考文献

1. Baker, Carlos. *Ernest Hemingway — A Life Story* [M]. New York: Penguin Books, 1987.
2. Brinkley, Douglas. *Windblown World: The Journals of Jack Kerouac* [M]. New York: Penguin, 2004.
3. Bell, Daniel. *The Cultural Contradictions of Capitalism* [M]. New York: Basic Books, 1996.
4. Campbell, James. *Recovering Benjamin Franklin: An Exploration of a Life of Science and Service* [M]. Chicago: Carus Publishing Company, 1999.
5. Carleton, David. *Landmark Congressional Laws on Education* [M]. Westport: Greenwood Publishing Group, 2002.
6. Claussen, Dane S. *Anti-intellectualism in American Media: Magazines & Higher Education* [M]. Bern: Peter Lang, 2004.
7. Dewey, John. *Democracy and Education* [M]. New York: Macmillan, 1916.
8. Doren, Carl Van. *Benjamin Franklin* [M]. New York: The Viking Press, 1938.
9. Emerson, Ralph Waldo. *Representative Men: Seven Lectures* [M]. Rockwille: Manor, 2009.
10. Fischer, David Hackett. *Albion's Seed: Four British Folkways in American* [M]. New York: Oxford University Press, 1989.

11. Geiger, Roger L. & Nathan M. Sorber (eds.). *The Land-Grant Colleges and the Reshaping of American Higher Education* [M]. Piscataway Township, NJ: Transaction Publishers, 2013.

12. Hemingway, Ernest. *A Farewell to Arms* [M]. New York: Charles Scribner's Sons, 1969.

13. —. *For Whom the Bell Tolls* [M]. New York: Charles Scribner's Sons, 1969.

14. —. *The Old Man and the Sea* [M]. New York: Charles Scribner's Sons, 1969.

15. —. *The Sun Also Rises* [M]. New York: Charles Scribner's Sons, 1954.

16. Kerouac, Jack. *Doctor Sax*[M]. New York: Grove Press, 1959.

17. —. *Selected Letters*, 1940-1956[M]. Ann Charters(ed.). New York: Penguin Books, 1996.

18. —. Jack Kerouac. Essentials of Spontaneous Prose [J]. *Evergreen Review*, 1958(5).

19. Lim, Elvin T. *The Anti-Intellectual Presidency: The Decline of Presidential Rhetoric from George Washington to George W. Bush*[M]. New York: Oxford University Press, 2012.

20. Lynn, Kenneth S. *Hemingway* [M]. Cambridge, Massachusetts, London, England: Harvard University Press, 1988.

21. Ober, K. Patrick. *Mark Twain and Medicine: Any Mummery Will Cure*[M]. Columbia, Missouri: University of Missouri Press, 2003.

22. O'Connor, Flannery. *Collected Works* [M]. New York: Library of America, 1988.

23. —. "The Fiction Writer and his Country", *Mystery and Manners*[M]. Sally and Rober Fitzgerald (eds.). New York: Farra, Straus and Giroux, 1969.

24. Otto, Beatrice K. *Fools Are Everywhere: the Court Jester Around the World*[M]. Chicago: The University of Chicago Press, 2001.

25. Olmstead, Marc. "Genus All the Time", *The Philosophy of the Beats*[M]. Sharin N. Elkholy(ed.). Lexington, KY: The University Press of Kentucky, 2012.

26. Thurber, James. *Many Moons*[M]. San Diego, CA: Voyager, 1991.

27. Hawthorne, Nathaniel. *Rappaccinni's Daughter*[M]. Whitefish, MT: Kessinger Publishing, LLC, 2004.

28. —. Hawthorne. *Young Goodman Brown and Other Tales*[M]. New York: Oxford University Press Inc., 1998.

29. —. Nathaniel Hawthorne. *The Scarlet Letter*[M]. New York: Dover Publication, Inc., 1994.

30. Hofstadter, Richard. *Anti-Intellectualism in American Life* (Paperback) [M]. New York: Random House, 1966.

31. Hunt, Tim. *Kerouac's Crooked Road: The Development of a Fiction* [M]. Champaign, IL: South Illinois University Press, 2010.

32. Sayre, Robert F. *American Lives: An Anthology of Autobiographical Writing*[M]. Madison, WI: The University of Wisconsin Press, 1994.

33. —. *The Examined Self: Benjamin Franklin, Henry Adams*[M]. Princeton, NJ: Princeton University Press, 1964.

34. Scopes, John Thomas. *The World's Most Famous Court Trial: Tennessee Evolution Case: a Complete Stenographic Report of the Famous Court Test of the Tennessee Anti-Evolution Act, at Dayton, July 10 to 21, 1925, Including Speeches and Arguments of Attorneys*[M]. Clark, NJ: The Lawbook Exchange, Ltd., 1997.

35. Tytell, John. *Naked Angels: The Lives and Literature of the Beat Generation*[M]. New York: McGraw-Hill, 1976.

36. Theado, Matt. *Understanding Kerouac*[M]. Columbia, SC: University of South Carolina Press, 2000.

37. Twain, Mark. *The Adventures of Huckleberry Finn*[M]. New York: Penguin Books, 1994.

38. —. *Autobiography of Mark Twain*: Vol. 1[M]. Harriet Elinor Smith (ed.). Oakland, CA: University of California Press, 1997.

39. —. *Mark Twain's Speeches*[M]. New York: Harper and Brothers, 1910.

40. —. *A Connecticut Yankee in King Arthur's Court*[M]. [S. I.]: Plain Label Books, 1923.

41. —. *Life on the Mississippi*[M]. Boone, IA: Paperback Classics, 2009.

42. —. *Innocents Abroad*[M]. New York: Signet Classics, 2007.

43. Williams, Tennessee. *A Streetcar Named Desire*[M]. Oxford: Heinemann Educational Publishers, 1995.

44. Williams, Tennessee. *A Streetcar Named Desire*[M]. New York: Penguin Books, 1957.

45. Warren, Robert Penn. Hemingway[J]. *The Kenyon Review*, 1947: 1-28.

46. Watson, Steven. *The Birth of the Beat Generation: Visionaries, Rebels, and Hipsters*, 1944-1960[M]. New York: Pantheon Book, 1995.

47. Weinreich, Regina. *Kerouac's Spontaneous Poetics: A Study of the Fiction*[M]. New York: Thunder's Mouth Press, 1987.

48. 纳博科夫. 洛丽塔[M]. 上海：上海译文出版社，2006：95.

49. 吴伟仁. 美国文学史及选读[M]. 北京：外语教学与研究出版社，1990：71，103.

50. 富兰克林. 本杰明·富兰克林自传[M]. 李自修，译. 北京：人民文学出版社，2005.
51. 奥尔．英国自然神论：起源和结果[M]. 周玄毅，译．武汉：武汉大学出版社，2008.
52. 富兰克林．穷查理智慧书[M]. 吴梦之，译．北京：金城出版社，2010.
53. 海明威．死在午后[M]. 金绍禹，译．上海：上海译文出版社，2011.
54. 董衡巽．海明威传[M]. 杭州：浙江文艺出版社，2008.
55. 尼采．悲剧的诞生[M]. 周国平，译．南京：译林出版社，2011.
56. 尼采．偶像的黄昏[M]. 周国平，译．长沙：湖南人民出版社，1987.
57. 奥康纳．生存的习惯[M]. 马永波，译．北京：新星出版社，2012.
58. 黄宇洁．神光沐浴下的再生——美国作家奥康纳研究[M]. 北京：中国社会科学出版社，2010.
59. 钱满素．美国当代小说家论[M]. 北京：中国社会科学出版社，1987：287.
60. 奥康纳．生存的习惯[M]. 马永波，译．北京：新星出版社，2012.
61. 奥康纳．暴力夺取[M]. 仲召明，译．北京：新星出版社，2011.
62. 奥康纳．智血[M]. 蔡亦默，译．北京：新星出版社，2010.